カナヘイの小動物
ゆるっと♡カンタン
韓国語会話

JN021209

はじめに

『カナヘイの小動物 ゆるっとカンタン韓国語会話』へようこそ！

☀️「120のフレーズをカナヘイさんのイラストと一緒に」学びます。
かわいいカナヘイさんのイラストと一緒に韓国語に触れるなんて、とても魅力的ではないでしょうか。キャラクターの表情と一緒に覚えるフレーズは、より鮮明に頭に残るでしょう。

👀「こういう場面では、韓国語ではなんて言うの？」という疑問に真正面から答えています。与えられた日本語の単なる直訳韓国語ではありません！「その場にピッタリの韓国語表現」を選りすぐってご紹介します。

🐾「今すぐ使える韓国語」を集めました。どれも、若い世代の方々のみならず、誰もが楽しく使える「一言」です。例に挙げている会話には、「今の韓国の香り」がたっぷりと漂っています。触れて、味わって、ぜひ使ってみてください。

🎤「発音にも自然さを」求めて説明しています。生き生きとした自然な韓国語の表現たちと出会ってみてください。

皆さんとともに素敵な時を過ごすことができれば、この上ない幸せです。

金 珍娥（キム ジナ）

この本の表記について

＊韓国語はハングルで表記し、その発音を［ ］内にカタカナで示し、日本語の意味は（ ）内に入れています。

＊韓国語は、한 han＝「h＋a＋n」のように「子音+母音+子音」の組み合わせの音節があります。1音節の最後に来るこうした子音を「終声（しゅうせい）」と言います。本書では終声を次のようにカナで小さく表します：

ㅂ［ᵖ］→［ㇷ゚］　ㄷ［ᵗ］→［ッ］　ㄱ［ᵏ］→［ㇰ］
ㅁ［m］→［ㇺ］　ㄴ［n］→［ン］　ㅇ［ŋ］→［ン］　ㄹ［l］→［ㇽ］

例：선생님［ソンセンニㇺ］（先生）/ 뭘 먹지？［ㇺォㇽ モㇰチ］（何を食べようか）

＊会話などで2単語以上が続けて発音され、その際に発音が大きく変わるものは、その変化した音を、例えば次のように表します：

잘 있었어？［チャㇽ イソッソ］⇒［チャリソッソ］

＊韓国語と日本語の語順は基本的にほとんど同じです。

＊本書では日本語の「です・ます体」に当たる韓国語の文体の表現を「丁寧な表現」、「だ・である体」に当たる文体の表現を「カジュアルな表現」と呼び、区別しています。

＊用言には「動詞」「形容詞」「存在詞」「指定詞」の4種類があります。「存在詞」は、있다［イッタ］（ある・いる）、없다［オㇷ゚タ］（ない・いない）の2単語とそれらの合成語です。指定詞は-이다［イダ］（…である）、아니다［アニダ］（…ではない）の2単語のみです。

＊用言は実際に使われる形と辞書形（基本形）の形が異なります。「単語&解説」では「変化形→辞書形」の形式で次のように提示します：

볼까요？見ましょうか▶보다［ポダ］動 見る

この本の使い方

音声ファイルのダウンロードの手順

STEP 1 弊社ウェブサイトの商品ページにアクセス！　方法は次の3通り！

● 二次元コードで
下のコードを読み取ってアクセス。

● 弊社ホームページで商品名を検索
Jリサーチ出版のホームページ（https：//www.jresearch.co.jp/）にアクセスして、「キーワード」に書籍名を入れて検索。

● URLを直接入力
https://www.jresearch.co.jp/book/b529375.html
を入力してアクセス。

*「単語&解説」の略式記号

| 動 | 動詞 | 形 | 形容詞 | 存 | 存在詞 | 指 | 指定詞 | 名 | 名詞 | 代 | 代名詞 |
| 冠 | 冠形詞 | 副 | 副詞 | 間 | 間投詞 | 数 | 数詞 | 接 | 接続詞 |

STEP 4

フレーズを使った会話文の例です。参考にしましょう。

㊟同じような意味でも、日本語と韓国語で表現の仕方が異なる場合があります（例：日本語が疑問文、韓国語が感嘆文）。

STEP 5

音声のトラック番号です。音声は、見出し語、会話文とも、日本語→韓国語の順になっています。

STEP 6

会話文に出てきた単語の意味を確認できます。

STEP 2 ページ内にある「音声ダウンロード」ボタンをクリック！

STEP 3 ユーザー名「1001」、パスワード「24901」を入力！

STEP 4

学習スタイルに合わせた方法で音声をお聴きください！　音声の利用方法は2通り！
●「音声ファイル一括ダウンロード」より、ファイルをダウンロードして聴く。
●「▶」ボタンを押して、その場で再生して聴く。

音声ダウンロードについてのお問い合わせ先：toiawase@jresearch.co.jp（受付時間：平日9時〜18時）

キャラクターの紹介

LINE スタンプでも人気のカナヘイの小動物キャラが登場

小動物と女の子
のほほん系女の子と、
あちらこちらでピャッ
と現れる小動物。

ねーねーねこ
語尾がなにかと
「ねー」のねこ。

がんばるねー!!

ピスケ＆うさぎ
おちゃらけ小動物
うさぎと
生真面目な鳥
ピスケ。

敬語うさぎ
ゆるい敬語で
日々がんばっている
うさぎ。

了解です!!

もくじ

あんなとき・こんなときのゆるっと韓国語会話

Chapter4 学校・仕事…109

Chapter5 とっさのひとこと…147

INDEX

絵から引ける さくいん

か行

た行

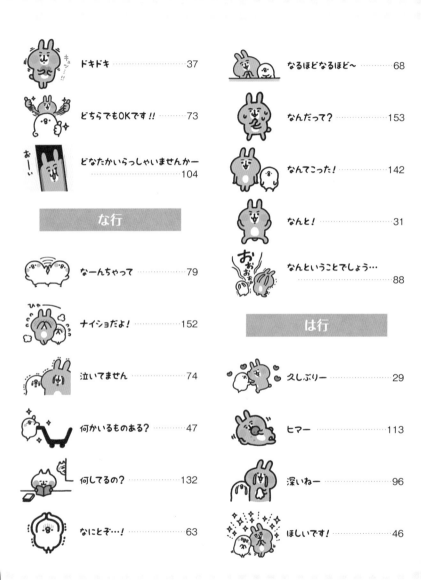

ま行

や行

ハングルを少し勉強したい方はこちらをどうぞ →

Chapter1
あいさつ・気持ち

会話の基本はあいさつ。毎日使うものを集めました。さらに、気持ちを表すちょっとした表現も紹介します。

1

안녕?
[アンニョン]

【おはよー！】

親しい人と出会ったときに使うあいさつ言葉です。丁寧な表現は 안녕하세요？[アンニョンアセヨ]（おはようございます）。どちらも朝起きたときや家族同士では使いません。文末はイントネーションを上げます。昼・夜には「やあ！」のニュアンスで使えます。

サクサク使える！ ミニ会話

アンニョン
안녕？
おはよー！

オ アンニョン
어, 안녕？
あ、おはよ。

単語＆解説

안녕？ 圖 おはよー、おはよう、やあ

어 圖 あ

잘 있었어?

[チャリソッソ]

【元気?】

友人や親しい知人に久しぶりに安否を尋ねるときに使います。「元気だった?」という意味です。잘 지냈어?[チャル チネッソ]とも言います。丁寧には잘 있었어요?[チャル イソッソヨ]、目上の人には尊敬の表現の안녕하셨어요?[アンニョンアショッソヨ]とも言います。

♪♪ サクサク使える! ミニ会話

アンニョン
안녕?
ハーイ!

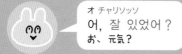

オ チャリソッソ
어, 잘 있었어?
お、元気?

単語&解説

안녕?阘ハーイ
어阘お
잘 있었어? 元気? ▶ 잘 있다[チャ
リッタ]副+存 元気である

19

알았어

[アラッソ]

【わかった！】

誰かからの願いごとやある事柄に対し、了解したことを表します。알겠어 [ア ルゲッソ] (あかった)、오케이 [オケイ] (OK) とも言います。

サクサク使える！ ミニ会話

チョムシムロ サムゲタン ヘ ジュルケ チェリョ チョム サダ ジュルレ
점심으로 삼계탕 해 줄게. 재료 좀 사다 줄래?
昼食にサムゲタン作ってあげるよ。材料ちょっと買ってきてくれる？

アッサ アラッソ
앗싸. 알았어.
やった！ わかった。

単語＆解説

점심으로 昼食に、昼食で▶점심 [チョムシム] 名昼食 ／ 삼계탕 名サムゲタン ／ 해 줄게 作ってあげるよ▶하다 動する、作る ／ 재료 名材料 좀 副ちょっと ／ 사다 줄래? 買ってきてくれる？▶사다 주다 [サダ ジュダ] 動買ってきてくれる 앗싸 間やった！ 알았어 わかった▶動알다 [アルダ]

잘 먹겠습니다
[チャル モッケッスムニダ]

【いただきます】

食事を始める際のあいさつの表現です。

コーヒーなど飲み物をいただく際には使いません。

サクサク使える！ ミニ会話

マニ トゥセヨ
많이 드세요.
たくさん召し上がってください。

ワ チャル モッケッスムニダ
와, 잘 먹겠습니다.
うわ、いただきます。

単語 & 解説

많이 副 たくさん
드세요 召し上がってください ▶ 드시다 [トゥシダ] 動 召し上がる
와 感 うわ
잘 먹겠습니다 いただきます ▶ 먹다 [モクタ] 動 食べる

21

좋은데
[チョウンデ]

【いいね！】

ある物事に対して感嘆する表現です。文末のイントネーションを上げますが、
疑問文ではありません。대박 [テバク] なども使われます。

サクサク使える！ ミニ会話

単語&解説

イゴ オッテ？
이거 어때？
これ、どう？

ワ チョウンデ
와 좋은데？
わ、いいね！

이거 代 これ
어때？ どう？▶어떻다 [オットタ]
形 どうだ
와 感 わ
좋은데 いいね▶좋다 [チョタ] 形
良い

잘 먹었습니다

[チャル モゴッスムニダ]

【ごちそうさま】

食事が終わったときは、この表現でお礼を言いましょう。「ごちそうさまでした」ほどの意味です。飲み物をいただいた後では、あまり使いません。

サクサク使える！ ミニ会話

タ トゥショッソヨ？
다 드셨어요？
みんな、召し上がりましたか？

ネ チャル モゴッスムニダ
네, 잘 먹었습니다.
ええ、ごちそうさまでした。

単語 & 解説

다 劚 みんな、すべて
드셨어요？ 召し上がりましたか？
▶ 드시다 [トゥシダ] 勤 召し上がる
네 圓 ええ、はい
잘 먹었습니다 ごちそうさまでした ▶ 먹다 [モクタ] 勤 食べる

23

괜찮아

[クェンチャナ]

【だいじょうぶ！】

相手にも自分自身にも、心配したり悩んでいる人を慰めたり落ち着かせるときに使います。場合によっては「なかなか良い」という意味でも用いられます。뭐 어때 [ムォ オッテ]（何がどうなのよ、気にしないで）とも言います。丁寧な表現では 괜찮아요 [クェンチャナヨ]（大丈夫です）と言います。

サクサク使える！ ミニ会話

ナ テムネ ヌジョソ オットケ
나 때문에 늦어서 어떡해….
私のせいで遅れちゃってどうしよう。

クェンチャナ チョンチョニ カド ドェ
괜찮아. 천천히 가도 돼.
だいじょうぶ！ ゆっくり行ってもいいよ。

単語＆解説

나 때문에 私のせいで
늦어서 遅れちゃって▶늦다 [ヌッタ] 動 遅れている
어떡해 どうしよう▶어떡하다 [オットカダ] 動 どうする
괜찮아 だいじょうぶ▶괜찮다 [クェンチャンタ] 形 大丈夫だ
천천히 副 ゆっくり ／ 가도 돼 行ってもいいよ▶가다 [カダ] 動 行く

진짜 ?

[チンチャ]

【まじ ?!】

あいづちや聞き返しの表現です。정말 ?[チョンマル]（本当に）とも言います。ていねいな表現は 진짜요 ?[チンチャヨ]、정말이요 ?[チョンマリヨ]。

サクサク使える！ ミニ会話

ネイル ハングゲ カ
내일 한국에 가.
明日、韓国へ行くの。

チンチャ
진짜 ?
まじ?!

単語 & 解説

내일 名 明日
한국에 韓国に ▶한국 [ハングク] 名 韓国
가 行くの ▶가다 [カダ] 動 行く
진짜 ? 副 まじ ?

아이고
[アイゴ]

【あれ？】

何か失敗をしたり、予測できなかった状況になったときに、驚きや心配を表す言葉です。発音が短縮されて、애고 [エゴ] とも。女性は어머 [オモ] もよく使います。

♪♪ サクサク使える！ ミニ会話 ♪♪

アイゴ レポトゥルル カムパケッソ
아이고! 레포트를 깜빡했어!
あれ？ レポートを忘れちゃった！

オモ オットケ
어머, 어떡해.
あら、大変じゃない。

単語＆解説

아이고 感 あれ？
레포트를 レポートを ▶레포트 [レポトゥ] 名 レポート
깜빡했어 忘れちゃった ▶깜빡하다 [カムパカダ] 動 うっかり忘れる
어머 感 あら
어떡해 どうしよう ▶어떡하다 [オットカダ] 動 どうする

잘 부탁드립니다

[チャル プタクトゥリムニダ]

【よろしくお願いします】

仕事などで初めて出会った人に対する丁寧でフォーマルなあいさつの表現。잘 부탁드려요 [チャル プタクトゥリョヨ] も同じ意味です。初対面の相手へのあいさつや、物事を頼む状況でのみ用います。日本語のように一般的に広く使われるあいさつではありません。

サクサク使える！ ミニ会話

アンニョンアセヨ　チョウム プェプケッスムニダ
안녕하세요？ 처음 뵙겠습니다.
こんにちは。はじめまして。

アンニョンアセヨ　チョウム プェプケッスムニダ
オヌル チャル プタクトゥリムニダ
안녕하세요? 처음 뵙겠습니다.
오늘 잘 부탁드립니다.
こんにちは。はじめまして。今日はよろしくお願いします。

単語＆解説

안녕하세요？ こんにちは
처음 뵙겠습니다 はじめまして
오늘 🈁 今日
잘 부탁드립니다 よろしくお願いします

11 제가 더 감사하죠

[チェガ ト カムサアジョ]

【こちらこそ】

感謝の言葉に対する応答として用いられる表現です。「私がもっと感謝しています」と表現します。저야말로 감사해요 [チョヤマルロ カムサエヨ]（私こそ感謝しています）とも言いますが、저야말로（こちらこそ、私こそ）だけでは使いません。

サクサク使える！ ミニ会話

チョンマル コマウォヨ
정말 고마워요.
本当にありがとうございました。

アニエヨ　チェガ ト カムサアジョ
아니에요. 제가 더 감사하죠.
いえいえ、こちらこそ、ありがとうございます。

単語 & 解説

정말 副 本当に ／ 고마워요 ありがとうございました▶고맙다 [コマプタ] 形 ありがたい ／ 아니에요 いえいえ、とんでもございません▶아니다 [アニダ] 指 〜ではない、違う ／ 제가 私が▶저 [チョ] 代 わたくし ／ 더 副 もっと ／ 감사하죠 感謝しています▶감사하다 [カムサアダ] 動 形 感謝する、ありがたい

오랜만
[オレンマン]

【久しぶりー】

久しぶりに会えたときに言ってみましょう。親しい友人には 오랜만이야 [オレンマニヤ]、오래간만이야 [オレガンマニヤ] などとも。ていねいな表現は 오랜만이에요 [オレンマニエヨ]（久しぶりです）などです。

サクサク使える！ ミニ会話

オレンマン
오랜만 !
久しぶり。

ア チョンマル オレンマニヤ
아 정말 오랜만이야.
あ、本当に久しぶりだね。

単語 & 解説

오랜만 名 久しぶり
아 間 あ
정말 副 本当に
오랜만이야 久しぶりだね▶오랜만이다 [オレンマニダ] 名 ＋ 指 久しぶりである

29

13

앗싸
[アッサ]

【やったぁぁぁ】

ある事柄を成功させたり、うまくできたとき、うれしい知らせを聞いたときなどに喜びを表す言葉です。대박 [テバク]（すごい）、신난다 [シンナンダ]（うれしい）と一緒に使うことも多いです。

サクサク使える！ ミニ会話

オヌル チョニョグン ヤンニョムチキニヤ
오늘 저녁은 양념치킨이야.
今日の夕食はヤンニョムチキン（味付けチキン）だよ。

アッサ
앗싸！
やった！

単語＆解説

오늘 名 今日
저녁은 夕食は ▶저녁 名 夕食
양념치킨이야 ヤンニョムチキンだよ
▶양념치킨이다 [ヤンニョムチキニダ] 名＋指 ヤンニョムチキン（味付けチキン）である
앗싸 間 やった

바로

[パロ]

【なんと！】

隠していたことや見えなかったものなどを、自慢げに注目させて話したり、見せたりするときに使います。驚きや感動を大きく表します。무려 [ムリョ]（実に、なんと）、짜잔 [チャジャン]（ジャジャーン！）などもよく用いられます。

サクサク使える！ ミニ会話

ヌガ オショッスルカヨ　パロ
누가 오셨을까요？ 바로！
誰がいらっしゃったと思います？ なんと！

ワ ハルモニ
와 할머니！
うわ、おばあちゃん！！

単語＆解説

누가 誰が ▶누구 [ヌグ] 代 誰
오셨을까요？ いらっしゃったと思います？（いらっしゃったでしょうか？）▶오시다 [オシダ] 動 いらっしゃる
바로 感 なんと
와 感 うわ
할머니 名 おばあちゃん、おばあさん

15 휴우
[ヒュウ]

【ほっ…】

緊張や疲れた状態から脱して、ほっと一息ついた瞬間に思わず発する言葉。
하아 [ハアー]、흐음 [フム] とも言えます。

♪ サクサク使える! ♪ ミニ会話。

ヒュウ トゥディオ ウォンゴルル タ ソッソ
휴우, 드디어 원고를 다 썼어.
ほっ、ついに原稿を完成!

アイゴ コセンエッソ
아이고 고생했어.
あら、ご苦労さま。

単語 & 解説

휴우 圏 ほっ
드디어 圖 ついに、やっと
원고를 原稿を ▶ 원고 [ウォンゴ]
图 原稿 / 다 썼어 完成、書き終わ
った ▶ 다 쓰다 [タ スダ] 圖 + 動
全部書く、書き終わる
아이고 圏 あら
고생했어 ご苦労さま、苦労した ▶
고생하다 [コセンアダ] 動 苦労する

헐…

[ホル]

【ガクッ】

予想と違った出来事や結果に驚いたり、がっかりしたりする様子を表す言葉です。엥？ [エン] (うん？)、헉 [ホク] (あれ？)、뭐야 [ムォヤ] (なんだよ) なども使います。

♪♪ サクサク使える！ ミニ会話。

コンソトゥガ ケンスルドェッソ
콘서트가 캔슬됐어.
コンサート、中止になったよ。

ホルト？
헐…, 또？
ガクッ。また？

単語 & 解説

콘서트가 コンサートが ▶콘서트
[コンソトゥ] 名 コンサート
캔슬됐어 中止になったよ、キャンセルになったよ ▶캔슬되다 [ケンスルドェダ] 動 キャンセルされる
헐… 感 ガクッ
또 副 また

안녕
[アンニョン]

【またねー】

友人と別れる際に使うあいさつ言葉です。出会ったときの 안녕？は語尾を上げ、別れのあいさつの 안녕 では上げないところがポイント！ 바이바이［パイパイ］（バイバイ）、잘 가［チャルガ］（無事に帰って）、또 봐［トブァ］（また会おうね）などの表現もあります。

サクサク使える！ ミニ会話

アンニョン
안녕.
またねー。

オ チャルガ
어. 잘 가.
うん、バイバイ。

単語 & 解説

안녕 園 またね、バイバイ、さよなら
어 園 うん
잘 가 バイバイ、無事に帰って

【おめでとう！】

誕生日や祝いの場面で使いましょう。「祝賀する」の意味です。親しい友人には 축하 축하 [チュカチュカ]（祝賀祝賀）などとも。丁寧には 축하합니다 [チュカアムニダ]（おめでとうございます）と言いましょう。

サクサク使える！ ミニ会話

センイル チュカエ
생일 축하해 !!
お誕生日おめでとう！

コマウォ
고마워.
ありがとう。

単語＆解説

생일 名 誕生日
축하해 おめでとう ▶ 축하하다 [チュカアダ] 動 祝う
고마워 ありがとう ▶ 고맙다 [コマプタ] 形 ありがたい

35

19 아이고 어떡해
[アイゴ オットケ]

【お気の毒に…】

相手の苦しい状況に心配や同情の気持ちを表します。

サクサク使える！ ミニ会話

シオメ ト トロジョッソ
시험에 또 떨어졌어.
試験にまた落ちちゃった。

アイゴ オットケ
아이고 어떡해.
お気の毒に…

単語 & 解説

시험에 試験に ▶ 시험 [シオム] 名 試験

또 副 また

떨어졌어 落ちちゃった ▶ 떨어지다 [トロジダ] 動 落ちる

아이고 어떡해 お気の毒に ▶ 어떡해 = 어떡하다 [オットカダ] 動 どうする

두근두근
[トゥグンドゥグン]

【ドキドキ】

期待や不安、喜びや興奮などの気持ちを「心臓に託して!」表す擬態語です。同様の擬態語として 콩닥콩닥 [コンダクコンダク](ドクンドクン)も使われます。動詞を使って 떨려 [トルリョ](震えてる、緊張する)とも。

サクサク使える! ミニ会話

🐰 チョッ テイトゥ トゥグンドゥグン
첫 데이트! 두근두근!!
初デート。ドキドキ!!

ワ トルリョ シムジャンア ナデジ マ
와 떨려. 심장아 나대지 마.
うわ、緊張する。心臓よ、落ち着いて。

単語 & 解説

첫 冠 初 / 데이트 名 デート
두근두근 ドキドキ、ドクンドクン
와 間 うわ
떨려 緊張する ▶ 떨리다 [トルリダ]
動 緊張する、震える
심장아 心臓よ ▶ 심장 [シムジャン]
名 心臓
나대지 마 落ち着いて ▶ 나대다 [ナデダ] 動 大騒ぎする

21 잘 자
[チャル チャ]

【おやすみー】

寝る前のあいさつの表現です。英語と韓国語を混ぜて 굿 밤！[クッパム]（good 夜）や恋人同士、友人同士の電話やメールなどでは可愛く 내 꿈 꿔 [ネクム クォ]（私の夢見て）なんていうのもあります。

♪ サクサク使える！ ミ二会話

チャル チャ
잘 자.
おやすみ。

オネクム クォ
어, 내 꿈 꿔.
うん、私の夢見て。

単語 & 解説

잘 자 おやすみ
어 圏 うん
내 私の ▶나 [ナ] 代 わたし
꿈 꿔 夢見て ▶꿈 [クム] 名 夢 꾸다
[クダ] 動 (夢を) 見る

대박

[テバク]

【やったね！】

他人のこと、自分のことについて、何かに成功したり、何かを達成したりしたときに最高の喜びを表す言葉です。同じような言葉で、웬 열 [ウェンニョル]（なにごと、すごい）なんていうのもありますよ。

♪♪ サクサク使える！ ミニ会話

ウリ オンニガ イボネ シニンムナクサンウル パダッソ
우리 언니가 이번에 신인문학상을 받았어.
うちのお姉ちゃんが今度新人文学賞をとったの。

テバク　サイン パダヤゲッタ
대박! 사인 받아야겠다.
やったね！サインもらわなくちゃ。

単語 & 解説

우리 언니가 うちの お姉ちゃんが▶언니 [オンニ] 名 (女性から見て)お姉さん / 이번에 今度▶이번 [イボン] 名 今度 / 신인문학상을 新人文学賞を▶신인문학상 [シニンムナクサン] 名 新人文学賞 / 받았어 受賞したの▶받다 [パッタ] 動 受ける / 대박 感 やったね / 사인 名 サイン / 받아야겠다 もらわなくちゃ▶받다 動 受ける

うさぎ

 先生、来月、友だちと韓国に旅行に行くことになりました。

たのしみです…!!!

そうですか。
じゃ、会話の練習がいっぱいできますね。

はい。

 …でも、やばいです。
アンニョンアセヨしか言え
ないかもしれません。

 じゃ、あいさつの言葉をい
くつか覚えておきましょう。

 はい！

♥ 出会いのあいさつ

〒 丁寧な表現

カ カジュアルな表現

アンニョンアセヨ

안녕하세요？ (こんにちは。) 〒

アンニョンアシムニッカ

안녕하십니까？ (こんにちは。) 〒

☆ フォーマルなあいさつ

アンニョン

안녕？ (おはよー。) カ

ワッソ

왔어？ (やあ。) カ

☆ 直訳は「来たの？」

チャル チネッソ

잘 지냈어？ (元気だった?) カ

☆ 久しぶりに会った友人などに

Chapter2
おでかけ

おでかけといえば、誰かと会ったり別れたりすることが多いですね。言葉を交わすことも多い、そんなシーンを切り取りました。

지금 가는 중

[チグム カヌン ジュン]

【今向かってるよー】

電話や SNS などでよく使われます。「今向かっている最中」という意味です。
지금 가고 있어 [チグム カゴ イッソ] (今向かってるよ) とも言えます。

♪ サクサク使える！ ♪ ミニ会話

*電話で

オディヤ
어디야?
どこなの？

チグム カヌン ジュン
지금 가는 중.
今向かってるよー。

単語&解説

어디야? どこなの？▶어디다 [オディ
ダ] 代+指 どこである
지금 名 今
가는 중 向かってるよ▶가다 [カダ]
動 行く 중 ~中、~する途中

44

예쁘다 !

[イェップダ]

【かわいい！】

持ち物や洋服、容姿などをほめる表現です。「きれいだ」という意味もあります。文末の「ダ」は「ダァ」と少し伸ばす感じで。이쁘다 [イップダ] とも発音します。動物や子どもには귀여워 [キヨウォ] (かわいい) と言いましょう。

♬ サクサク使える！ ♬ **ミニ会話**

＊スマホでビデオ通話をしながら

オ モリ チャルランネ イェップダ
어? 머리 잘랐네. 예쁘다.
お、髪切ったね。かわいい！

チョンマル クェンチャヌン ゴ カッテ
정말? 괜찮은 거 같애?
ほんと？ 悪くない？

単語＆解説

어? 國 お ／ 머리 名 髪、頭
잘랐네 切ったね ▶자르다 [チャル
ダ] 動 切る
예쁘다 [イェップダ] 形 かわいい、
きれいだ
정말? 名 ほんと？
괜찮은 거 같애? 悪くない？ ▶괜찮
다 [クェンチャンタ] 形 悪くない、大
丈夫だ

45

갖고 싶어요

[カッコ シポヨ]

【ほしいです！】

欲しい物、買いたい物、手に入れたい物があるときにはこのフレーズ。「何が欲しい？」と尋ねるときは、뭐 갖고 싶어？ [ムォ カッコ シポ] で OK です。

サクサク使える！ ミニ会話

イパク ソンムル サ ジュルケ　ムォガ カッコ シポ
입학 선물 사 줄게. 뭐가 갖고 싶어？
入学祝い買ってあげるよ。何がほしい？

イボネ ナオン スマトゥポニ カッコ シポヨ
이번에 나온 스마트폰이 갖고 싶어요.
今度出たスマホがほしいです！

単語＆解説

입학 선물 名 入学プレゼント ／ 사 줄게 買ってあげるよ▶사 주다 [サ ジュルダ] 動 買ってあげる ／ 뭐가 何が▶뭐 [ムォ] 代 何 ／ 갖고 싶어？ ほしい？▶갖다 [カッタ] 動 所有する ／ 이번에 나온 今度 出た▶이번 [イボン] 名 今度 나오다 [ナオダ] 動 出る ／ 스마트폰이 スマホが▶스마트폰 [スマトゥポン] 名 スマートフォン

뭐 필요한 거 있어?

[ムォ ピリョアン ゴ イッソ]

【何かいるものある？】

「必要なものがあれば買っていくよ」というニュアンスで、お店で買い物をしながら、または電話で相手に尋ねます。

♪♫ サクサク使える！ ♫♪ ミニ会話

* 電話で

ムォ ピリョアン ゴ イッソ
뭐 필요한 거 있어?
何かいるものある？

アニ オプソ　クニャン ワ
아니, 없어. 그냥 와.
いや、ないよ。そのまま帰ってきて。

単語 & 解説

뭐 何か▶뭐 [ムォ] 代 何(か) / 필요한 거 いるもの▶필요하다 [ピリョアダ] 形 必要だ / 거＝것 [ゴッ] 名 もの / 있어? ある?▶있다 [イッタ] 存 ある / 아니 問 いや / 없어 ないよ▶없다 [オプタ] 存 ない、いない / 그냥 副 そのまま、ただ / 와 帰ってきて▶오다 [オダ] 動 来る、帰ってくる

47

어서 와

[オソ ワ]

【おかえり】

「さあ来て」「早く来て」という意味です。久しぶりに訪ねてきてくれた人には
잘 왔어 [チャル ワッソ] (よく来た) と言います。어서 와の丁寧な表現어
서 오세요 [オソ オセヨ] は、店員がお客さんに言う「いらっしゃいませ」
にもあたります。

♪ サクサク使える! ミニ会話。

単語＆解説

다녀왔습니다 ただいま ▶다녀오다
[タニョオダ] **動** 行って来る
어서 와 おかえり▶어서 **副** さあ、早
く 오다[オダ] **動** 来る

タニョワッスムニダ
다녀왔습니다.
ただいま。

オソ ワ
어서 와.
おかえり。

48

부탁드려요

[プタクトゥリョヨ]

【お願いします！】

頼みごとやことづけをするときの謙譲の表現です。謙譲のフォーマルな表現は부탁드립니다 [プタクトゥリムニダ]（お願い申し上げます）、友人や目下の人には 해 줘 [ヘ ジュォ]（やってくれ）、부탁해요 [プタケヨ]（やってくださいね）と言います。人と会ったときのあいさつとしては使いません。

♪♫ サクサク使える！ ミニ会話。

> コピ オッテヨ
> **커피 어때요?**
> **コーヒー、いかがですか。**

> ネ コマプスムニダ プタクトゥリョヨ
> **네, 고맙습니다. 부탁드려요.**
> **はい、どうも。お願いします。**

単語＆解説

커피 名 コーヒー
어때요? いかがですか? ▶어떻다 [オッタタ] 形 どうだ
네 感 はい、ええ ／ 고맙습니다 どうも（ありがとうございます）▶고맙다 [コマプタ] 形 ありがたい
부탁드려요 お願いします ▶부탁드리다 [プタクトゥリダ] 動 お願いする、頼む

49

쩐다
[チョンダ]

【最高かよ！】

最高に楽しい状況や展開に、「しびれる！」「イケてる！」と感嘆する表現です。대박 [テバク] (すごい) や최고 [チェゴ] (最高) も使われます。

♪♫ サクサク使える！ ミニ会話 ♫

＊動画を見ながら

ワ イェネ テンス クンネジュンダ
와, 얘네 댄스 끝내준다.
うわ、この子たちダンスすごいね。

チンチャ　チョンダ
진짜. 쩐다.
ほんと。最高かよ！

単語＆解説

와 圖 うわ
얘네 この子たち
댄스 名 ダンス、踊り
끝내준다 すごいね▶끝내주다 [クンネジュダ] 動 すごい、すばらしい
진짜 副 本当(に)
쩐다 最高かよ▶쩔다 [チョルダ] 動 しびれる、イケてる

50

맛있다
[マシッタ]

【おいしい！】

おいしく食べられる喜びに感謝の気持ちもわいてくるかもしれません。 맛있어
[マシッソ]（おいしい）とも言います。

♪ サクサク使える！ ♪ ミニ会話

チャル モッケッスムニダ　ワ マシッタ
잘 먹겠습니다. 와 맛있다.
いただきます。うわ、おいしい。

ネ マニ トゥセヨ
네, 많이 드세요.
ええ、たくさん召し上がってください。

単語＆解説

잘 먹겠습니다 いただきます▶먹다
[モクタ] 動 食べる
와 感 わー
많이 副 たくさん
드세요 召し上がってください▶드
시다 [トゥシダ] 動 召し上がる

51

2 聞き返し

うさぎ

先生、
明日、韓国に出発します。

そうですか。楽しみですね。

はい！
でも、ちょっと心配なんです。

どうしましたか。

あいさつや質問はできて
も、相手の言うことを聞き
取る自信がなくて…。

わかりました。
じゃ、聞き返しの表現を紹
介しますね。

お願いします。

♥ 聞き返しのことば

ネ
네？ （え？／はい？）

ムォラグヨ
뭐라구요？ （何ですって?）

タシ ハンボンマン マルスメ ジュシゲッソヨ
다시 한번만 말씀해 주시겠어요？
（もう一度おっしゃっていただけますか。）

タシヨ
다시요. （もう一度（お願いします）。）

チャル モダラドゥロッソヨ
잘 못 알아들었어요. （よく聞き取れませんでした。）

Chapter3
コミュニケーション

ふだんの生活の中で、相手に感想や評価、意志や態度などを伝える表現を集めました。よく使うものばかりで、覚えておいて損は無しです。

맞아

[マジャ]

【わかるー】

相手の意見に同意し、寄リ添う気持ちを表します。「そうだね」とあいづちを打つときに使えます。丁寧な表現は맞아요 [マジャヨ]。「わかる」の意味の알아 [アラ] はあいづちよりも、その事実を「知っている」という意味で多く使います。

♪♪♪ サクサク使える！ **ミニ会話**

コドゥンハクキョ テ チンチャ チェミッソンヌンデ
고등학교 때 진짜 재밌었는데.
高校のときは、まじ楽しかった。

マジャ　ナドゥ クッテガ チェイル チョアッソ
맞아. 나두 그때가 제일 좋았어.
わかるー。私もあのときが一番よかった。

単語 & 解説

고등학교 때 高校のとき、高校時代

진짜 副 まじ、本当に

재밌었는데 楽しかった、面白かった ▶ 재미있다 [チェミイッタ] 存 面白い ／ 맞아 圏 わかる、そうだ ／ 나두＝나도 [ナド] 私も ▶ 나 代 わたし ／ 그때가 あのときが ／ 제일 副 一番、最も ／ 좋았어 よかった ▶ 좋다 [チョタ] 形 良い

가만 안 둘 거야

[カマン アン ドゥル コヤ]

【ゆるせない！】

「ただじゃおかない」ほどの意味です。용서 못 해[ヨンソ モテ]（許せない）
と言うこともできます。きつい表現なので、あまり怒らないで言いましょう！

サクサク使える！ ミニ会話

モンヌン ゴルロ チャンナンチミョン カマン アン ドゥル コヤ
먹는 걸로 장난치면 가만 안 둘 거야.
食べ物でいたずらなんてゆるせないよ。

ネ チャルモテッスムニダ
네, 잘못했습니다.
はい、ごめんなさい。

単語&解説

먹는 걸로 食べ物で
장난치면 いたずらなんて▶장난치
다 [チャンナンチダ] 動 いたずらす
る ／ 가만 안 둘 거야 許せないよ
▶가만 안 두다 [カマン アン ドゥダ]
ただじゃ置かない ／ 네 間 はい
잘못했습니다 ごめんなさい▶잘못
하다 [チャルモタダ] 動 間違ったこ
とをする

파이팅！

[パイティン]

【がんばる！】

fightingから作られた外来語です。がんばる様子を表す아자아자[アジャ アジャ]（がんがん）をつけて、아자아자 파이팅！と言ったり、自分に向かって 열심히 하자[ヨルシミ ハジャ] 파이팅！（がんばろう）と決意を表します。 열심히 할 거야[ヨルシミ ハル コヤ]は「熱心にやるから」という意味です。

♪♫ サクサク使える！ ♪♫ ミニ会話

> シオム チャル ブァ パイティン
> 시험 잘 봐. 파이팅！
> 試験がんばれ。ファイト！

> パイティン コマウォ
> 파이팅！고마워.
> がんばる！ありがとう。

単語＆解説

시험 图 試験
잘 봐 がんばって▶잘 보다 [チャル ボダ]（試験などを）うまくやる
파이팅！國 がんばる、がんばれ、ファイト
고마워 ありがとう▶고맙다 [コマプタ] 圏 ありがたい

어쩌라고

[オッチョラゴ]

【ムリー】

不可能な要求に、面白おかしくぼかして断りの気持ちを伝える表現です。「どうしろって?」ほどの意味です。어쩌라구[オッチョラグ]とも発音します。きっぱり断るときは안 돼[アンドェ](だめ)。この場合、무리[ムリ](無理)とは言いません。

♪ サクサク使える! ミニ会話

ク オッパ クェンチャヌン サラミン ゴッ カットンデ
그 오빠 괜찮은 사람인 것 같던데?
あの先輩、悪くないと思うけど。(付き合ってみたら?)

オッチョラゴ
어쩌라고.
ムリ〜。

単語&解説

그 冠 あの、その / 오빠 先輩▶名
(女性から見た)お兄さん
괜찮은 사람인 것 같던데 いい人
みたいだったけど
▶괜찮다 [クェンチャンタ] 形 大丈
夫だ、良い 사람이다 [サラミダ] 名
+指 人である 어쩌라고 ムリ〜、ど
うしろって言うの▶어쩌다 [オッ
チョダ] 動 どうする

59

부탁이야

[プタギャ]

【このとおりッ…！】

相手にぜひ聞いてもらいたい頼みごとをお願いするときに用います。「どうか」「お願いだから」という意味です。より切実に頼みたいときは제발 [チェバル]（お願い、なにとぞ）も使います。

サクサク使える！ ミニ会話

マスク チョム スジャ　チェバル プタギャ
마스크 좀 쓰자. 제발 부탁이야.
マスクしてよ。どうか、このとおり！

アラッソ
알았어.
わかった。

単語＆解説

마스크 名 マスク ／ 좀 副 ちょっと ／ 쓰자 してよ▶쓰다 [スダ] 動（帽子などを）かぶる

제발 副 どうか、お願いだから

부탁이야 このとおり、頼むよ▶부탁이다 [プタギダ] 名＋指 お願いである

알았어 わかった▶알다 [アルダ] 動わかる

그럼 그렇게 하는 걸로

[クロム クロケ ハヌン ゴルロ]

【じゃ、そゆことで!!】

話が長くなりそうなときに、話を締めくくるために用います。「ではそのように
することで」という意味です。

♪ サクサク使える! ♪ ミニ会話

クロム クロケ ハヌン ゴルロ
그럼 그렇게 하는 걸로.
じゃ、そういうことで。

ムォヤ クチヤ
뭐야, 끝이야?
なんだ、終わりなの?

単語 & 解説

그럼 副 じゃ、それでは
그렇게 하는 걸로 そういうことで
▶그렇게 하다 [クロケ ハダ] そのよ
うにする
뭐야 なんだよ ▶뭐다 [ムォダ] 代
＋指 何である
끝이야? 終わりなの？ ▶끝이다 [ク
チダ] 名 ＋指 終わりである

61

일이 좀 많았어
[イリ チョム マナッソ]

【いろいろあったよ…】

直訳すると「ことがちょっと多かった」という意味です。좀 [チョム] は「少し」の意味ですが、会話の中では「かなり」「たくさん」の意味にも変身します。여러 가지로 [ヨロ ガジロ] (いろいろと) を前につけても OK！

サクサク使える！ ミニ会話

ヨジュメ パッパ ヨルラギ オプソソ
요즘에 바빠? 연락이 없어서.
最近、忙しい？ 連絡がないから。

ウン ヨロ ガジロ イリ チョム マナッソ
응, 여러 가지로 일이 좀 많았어.
うん、いろいろあったよ。

単語 & 解説

요즘에 最近▶요즘 [ヨジュム] 名 最近 / 바빠? 忙しい?▶바쁘다 [パップダ] 形 忙しい / 연락이 連絡が▶연락 [ヨルラク] 名 連絡 / 없어서 ないから、なくて▶없다 [オプタ] 存 ない / 응 感 うん / 여러 가지로 副 いろいろと / 일이 좀 많았어 いろいろあったよ▶일 [イル] 名 こと、仕事 좀 副 ちょっと 많다 [マンタ] 形 多い、たくさんある

부디
[プディ]

【なにとぞ…！】

「お願い」という意味の부탁이야 [プタギヤ]、제발 [チェバル] より、品
のある丁寧なお願いの表現になります。

♪ サクサク使える！ ミニ会話

*ナレーションなどで

プディ ヨロブネ イエワ ヒョプチョルル プタクトゥリムニダ
부디 여러분의 이해와 협조를 부탁드
립니다.
なにとぞ皆さんのご理解とご協力を
お願い申し上げます。

単語 & 解説

여러분의 皆さんの ▶ 여러분 [ヨロ
ブン] 名 皆さん
이해와　理解と ▶ 이해 [イエ] 名
理解
협조를 協力を ▶ 협조 [ヒョプチョ]
名 協力
부탁드립니다 お願い申し上げます▶
부탁드리다 [プタクトゥリダ] 動 お願
い申し上げる

63

대단한데

[テダナンデ]

【えらい！】

友人や目下の相手の言動に感心したなら、この言葉でほめてあげましょう。「すばらしいね」という意味です。大単해 [テダネ] とも言います。親しい目上の人には대단하세요 [テダナセヨ]（すばらしいです）と言います。

サクサク使える！ ♪♫ **ミニ会話** ♫

カゴ シボットン テアゲ ハプキョケッソヨ
가고 싶었던 대학에 합격했어요.
第一志望の大学に受かりました。

ワ テダナンデ
와 대단한데.
わぁ、えらい！

単語 & 解説

가고 싶었던 第一志望の〜（行きたかった〜）▶가다 [カダ] 動 行く
대학에 大学に ▶대학 [テアク] 名 大学 ／ 합격했어요 受かりました ▶합격하다 [ハプキョカダ] 動 受かる、合格する
와 感 わあ
대단한데 えらい！▶대단하다 [テダナダ] 形 すごい、えらい

보고 싶어

[ポゴ シポ]

【会いたいねー】

懐かしく恋しい気持ちを表します。直接会いたいという旨を伝えるのなら、만나고 싶어 [マンナゴ シポ](会いたい)と言いましょう。韓国では家族の間でも보고 싶어(会いたい)、사랑해 [サランエ](愛してる、大好き)とよく言います。

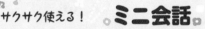

サクサク使える！ ミニ会話

*電話で

オムマ ポゴ シポ
엄마, 보고 싶어.
お母さん、会いたいよ。

オムマドゥ ウリ タル ポゴ シポ
엄마두 우리 딸 보고 싶어.
お母さんもあんたに会いたいわ。

単語 & 解説

엄마 图 ママ、母さん
보고 싶어 会いたい ▶ 보고 싶다 [ポゴ シプタ] 会いたい
엄마두 = 엄마도 [オムマド] ママも
▶ 엄마 [オムマ] 图 ママ
우리 딸 あんた(我が娘)

65

지금 갈게

[チグム カルケ]

=3 =3

【会いに行くよー】

「今行くから」という意味です。「会いに」=만나러[マンナロ]は川りません。
지금[チグム](今)か、나중에[ナジュンエ](後で)といった副詞をつけて지금 갈게(今行くよ)、나중에 갈게(後で行くよ)と言うのがポイントです。

♪♪ サクサク使える！ ♪ ミニ会話

*電話で

ポゴ シポ
보고 싶어.
会いたい。

チグム カルケ
지금 갈게.
今行くよ。

単語＆解説

보고 싶어 会いたい ▶보다 [ポダ]
動 見る、会う
지금 名 今
갈게 行くよ ▶가다 [カダ] 動 行く

최애야

[チェエヤ]

【尊い…】

최애〈最愛〉は、すばらしいものやこと、大好きなものに対して使います。「一番好きだよ」「最高だよ」「最高に愛してる」ほどの意味です。「尊い」の意味の귀중해[クィジュンエ]は、こういう場面では使いません。

♪ サクサク使える！ ミニ会話

> ノ イ ケイム ヨンサン ブァッソ
> 너 이 게임 영상 봤어?
> あなた、このゲームの映像見た？

> オ ク エクショングァ クレピク クォルリ
> ティ ヨクシ ナエ チェエヤ
> 어, 그 액션과 그래픽 퀄리티… 역시 나의 최애야.
> うん、そのアクションと グラフィック・クオリティ… これ、尊い…。

単語＆解説

너 代 お前、あなた／이 冠 この／게임 영상 名 ゲームの映像／봤어? 見た?▶보다 [ポダ] 動 見る／어 間 うん／그 冠 その／액션과 アクションと▶액션 [エクション] 名 アクション／그래픽 퀄리티 名 グラフィック・クオリティ／역시 副 やはり／나의 私の▶나 [ナ] 代 わたし／최애야 尊い▶최애다 [チェエダ] 名＋指 最愛である

67

43 맞아 맞아

[マジャ マジャ]

【なるほどなるほど～】

相手の話に納得しながら、あいづちとして用います。맞어 맞어 [マジョ マ
ジョ] とも発音します。그렇구나 [クロクナ] (そうか)、그래 그래 [クレグレ]
(そうそう)、네～ [ネ] もよく用いられるあいづちの表現です。네～は「ネ～」
と文末を長く伸ばすのがコツです。

♪♪ サクサク使える！ **ミニ会話**

ハングゴ コンブ シジャケッソ イ シデエ ウェグゴヌン ピルスジャナ
한국어 공부 시작했어. 이 시대에 외국
어는 필수잖아.
韓国語の勉強を始めたよ。この時代に外国語は
必須じゃん。

マジャ マジャ
맞아 맞아.
なるほどなるほど。

単語＆解説

한국어 공부 韓国語の勉強
시작했어 始めたよ ▶시작하다 [シ
ジャカダ] 動 始める
이 冠 この ／ 시대에 時代に ▶시
대 [シデ] 名 時代 ／ 외국어는 外
国語は ▶외국어 [ウェグゴ] 名 外
国語 ／ 필수잖아 必須でしょ ▶필
수 [ピルス] 名 必須
맞아 맞아 なるほどなるほど

지금 일어났어요

[チグム イロナッソヨ]

【今起きました…】

起きたばかりだということを、電話などで伝えるときに使ってみましょう。寝坊して遅刻しそうなときにも使えるかも？ 事件などが「今起きました」と言うときも、同じフレーズが使えます。

♪♪♪
サクサク使える！ **ミニ会話**

イロナッソ
일어났어?
まだ寝てたの？（起きた？）

ネ チグム イロナッソヨ
네, 지금 일어났어요.
はい、今起きました。

単語＆解説

일어났어? まだ寝てたの？（起きた？）▶일어나다 [イロナダ] 動 起きる

네 間 はい、ええ

지금 名 今

일어났어요 起きました▶일어나다 [イロナダ] 動 起きる

또？

[ト]

【もうかんべんして】

本来は「また？」という意味です。困ったことが続いて、もうこれ以上嫌な思いはさせないでくれと頼むときや、しつこい催促や誘いに「いい加減にして」と言うときのひとことです。「やめて」「もうかんべんして」という意味です。

♪ サクサク使える！ ♪ **ミニ会話**

ク サラマンテト チョヌァ ワッソ
그 사람한테 또 전화 왔어.
また、あの人から電話だよ。

ムォト
뭐? 또?
えー！もうかんべんして

単語&解説

그 冠 あの、その
사람한테 人から▶사람 名 人
또 副 また
전화 왔어 電話だよ、電話が来たよ▶전화 名 電話 오다 [オダ] 動 来る
뭐? 代 えー！何?
또? 副 もうかんべんして（また?）

아무 때나 좋아요

[アム テナ チョアヨ]

【いつでもどうぞー】

相手の訪問や電話などを快く受け入れるときのフレーズです。「どんなとき
でもいいですよ」という意味です。언제든지 좋아요 [オンジェドゥンジ チョ
アヨ]（いつでもいいです）も、언제든지 콜 [オンジェドゥンジ コル]（いつ
でも OK）も使えます。

♪♪♪
サクサク使える！　　**ミニ会話**

オンジェ マンナルカヨ
언제 만날까요?
いつ会いましょうか？

アム テナ チョアヨ
아무 때나 좋아요.
いつでもいいですよ。

単語＆解説

언제 代 いつ
만날까요 会いましょうか ▶ 만나다
[マンナダ] 動 会う
아무 때나 いつでも ▶ 아무 때 [アム
テ] どんなとき
좋아요 いいですよ ▶ 좋다 [チョタ]
形 良い

푹 쉬세요

[プク シュィセヨ]

【ゆっくり休んでねー】

「ゆっくり休んでください」という意味です。一日中働き詰めだった人や体調の悪い同僚や友人に言ってみましょう。温かい心が伝わります。

サクサク使える！ ミニ会話

モミ チョム アン ジョアヨ
몸이 좀 안 좋아요.
体調があまりよくないです。

オヌルン クマン プク シュィセヨ
오늘은 그만 푹 쉬세요.
今日はそれくらいにして、ゆっくり休んでね。

単語&解説

몸이 体調が▶몸 [モム] 名 体、体調 / 좀 副 ちょっと / 안 좋아요 良くないです▶좋다 [チョタ] 形 良い / 오늘은 今日は▶오늘 [オヌル] 名 今日 / 그만 副 それくらいにして、それくらいで / 푹 副 ゆっくり、たっぷり / 쉬세요 休んでね、休んでください▶쉬다 [シュィダ] 動 休む

72

다 좋아요
[タ チョアヨ]

【どちらでも OK です !!】

物や食べ物、場所など、一つに決められず迷ったときに言ってみましょう。「すべて良いです」という意味です。좋아요 [チョアヨ]（いいです）の前に、뭐든지 [ムォドゥンジ]（なんでも）、아무거나 [アムゴナ]（どれでも）をつけても OK！

サクサク使える！ ミニ会話

ヤンシグロ ハルカヨ　ハンシグロ ハルカヨ
양식으로 할까요？ 한식으로 할까요？
洋食にしましょうか、韓国料理にしましょうか？

タ チョアヨ
다 좋아요.
どちらでも OK ですよ。

単語＆解説

양식으로 洋食に▶양식 [ヤンシク]
名 洋食

할까요？ しましょうか▶하다 [ハダ] 動 する

한식으로 韓国料理に▶한식 [ハンシク] 名 韓食、韓国料理

다 副 どちらでも、すべて

좋아요 OK ですよ、良いです▶좋다 [チョタ] 形 良い

내가 왜 울어

[ネガ ウェ ウロ]

【泣いてません】

「私がどうして泣くの？＝泣くわけないじゃない」という反語のニュアンスで「泣かないよ」を表しています。つらいこと、悲しいことなど、何があっても泣かないで堂々と立ち向かう気持ちを伝えてみましょう。

サクサク使える！ ミニ会話

クェンチャナ ウロ
괜찮아? 울어?
大丈夫？ 泣いてる？

ネガ ウェ ウロ
내가 왜 울어.
泣いてません。

単語＆解説

괜찮아? 大丈夫？ ▶괜찮다 [クェンチャンタ] 形 大丈夫だ
울어? 泣いてる？ ▶울다 [ウルダ] 動 泣く
내가 왜 울어? 泣いてません ▶나 [ナ] 代 わたし 왜 副 なぜ 울다 [ウルダ] 動 泣く

74

망했다…

[マンヘッタ]

【もうダメ…】

願っていた結果を得られそうもなかったり、得られなかったりして、力尽き、思わず出る表現です。直訳では「滅んだ」という意味です。이젠 끝이야 [イジェン クチヤ] (もう終わりだ) とも言います。

♪♫♪ サクサク使える！ ♫ ミニ会話 ♫

オヌル シオムン マンヘッタ
오늘 시험은 망했다…
今日の試験はもうだめ。

ナドゥ コンブルル ハナドゥ アネッソ
나두. 공부를 하나두 안 했어.
ぼくも。勉強全然やってないよ。

単語 & 解説

오늘 **名** 今日(の)
시험은 試験は ▶시험 [シオム] **名** 試験 / 망했다 もうだめ ▶망하다 [マンハダ] **動** 滅びる / 나두＝나도 [ナド] 私も ▶나 [ナ] **代** わたし / 공부를 勉強を ▶공부 [コンブ] **名** 勉強 / 하나두＝하나도 [ハナド] **副** 全然、ひとつも / 안 했어 やってないよ ▶하다 [ハダ] **動** する

한 번만 봐 줘

[ハン ボンマン プァ ジュォ]

【ゆるして～】

相手に許しを乞うときに使います。「一度だけ（大目に）見てくれ」という意味です。용서해 줘 [ヨンソエ ジュォ]（許してくれ）とも言います。

サクサク使える！ ♪ ミニ会話

トイサン モッチャマ
더 이상 못 참아.
もう我慢できない。

ミアネ　ハン ボンマン プァ ジュォ
미안해. 한 번만 봐 줘.
ごめん、今回だけ許して。

単語 & 解説

더 이상 もう、これ以上
못 참아 我慢できない ▶못 참다 [モッ チャムタ] 動 我慢できない
미안해 ごめん ▶미안하다 [ミアナダ] 形 申し訳ない
한 번만 今回だけ、一度だけ ▶한 번 [ハン ボン] 一度
봐 줘 許して ▶봐 주다 [プァ ジュダ] 動 見逃してやる

죄송해요

[チェソンエヨ]

【ごめんなさい！】

謝るときに最も広く用いる丁寧な表現です。「ごめん」と友人に謝るときは미안 [ミアン]、미안해 [ミアネ]、フォーマルな場では죄송합니다 [チェソンアムニダ]（申し訳ございません）と言います。

サクサク使える！ ミニ会話。

ト ヌジョッソ
또 늦었어?
遅れないでよ！

チェソンエヨ
죄송해요.
ごめんなさい。

単語&解説

또 늦었어？ 遅れないでよ！（また遅れたの？）▶또 副 また 늦다 [ヌッタ] 動 遅れる

죄송해요 ごめんなさい▶죄송하다 [チェソンアダ] 形 申し訳ない

농담이지？

[ノンダミジ]

【またまた冗談でしょ】

相手の言ったことが信じられない、あきれたときに、いたずらっぽく軽く否定の気持ちを表してみます。왜 이래 [ウェ イレ]（どうしてこうなの？）왜 저래 [ウェ チョレ]（どうしてああなの？）、그런 농담을 [クロン ノンダムル]（そんな冗談を）とも。

♪♪ サクサク使える！ ミニ会話

> イノメ インキラン ネガ ノム チャルセンギョソ
> 이놈의 인기란… 내가 너무 잘생겨서.
> こんなにもてちゃって…かっこよすぎるからさ。

> ノンダミジ
> 농담이지？
> またまた冗談でしょ。

単語＆解説

이놈의 인기란 こんなにもてちゃって（こいつの人気というのは）▶이놈 [イノム] 名 こいつ 인기 [インキ] 名 人気／내가 私が▶나 [ナ] 代 わたし／너무 副 とても、あまりにも／잘생겨서 かっこよすぎるから▶잘생기다 [チャルセンギダ] 形 かっこいい／농담이지？ またまた冗談でしょ？▶농담이다 [ノンダミダ] 名＋指 冗談である

농담이야

[ノンダミヤ]

【なーんちゃって】

「今言ったのは冗談でした」といわんばかりに、面白おかしく自分の発言を否定します。「冗談だよ」という意味です。장난이야 [チャンナニヤ](いたずらだよ)とも。

サクサク使える！　**ミニ会話**

> イ ウムシグル ヌガ タ ヘッソ
> 이 음식을 누가 다 했어?
> この料理、全部誰が作ったの？

ネガ　ノンダミヤ　オムマガ
내가. 농담이야. 엄마가.
私が。なんちゃって。お母さんが。

単語&解説

이 冠 この／음식 名 料理
누가 誰が ▶ 누구 [ヌグ] 代 誰／
다 副 全部／했어? 作ったの？▶
하다 [ハダ] 動 やる（음식을 하다
で「料理を作る」）／내가 私が ▶
나 [ナ] 代 わたし／농담이야 なん
ちゃって ▶ 농담이다 [ノンダミダ]
名+指 冗談である／엄마가 お母
さんが ▶ 엄마 [オムマ] 名 お母さん

믿어 봐
[ミド ブァ]

【信じろ!!】

自分を信じて任せてほしいときに言ってみましょう。「信じてみろ」という意味です。

♪♫ サクサク使える！♪♫　ミニ会話。

オッパ ハンボン ミド ブァ
오빠 한번 믿어 봐.
俺をちょっと信じろ!!

ムォル ボゴ
뭘 보고.
何を根拠に。

単語&解説

오빠 **名** 俺(男性が目下の女性に向かって)、お兄さん

한번 **副** 一度、ちょっと

믿어 봐 信じろ、信じてみて ▶ 믿다 [ミッタ] **動** 信じる

뭘 보고 何を根拠に、何を見て ▶ 뭘 何を 뭐 [ムォ] **代** 何 보다 [ボダ] **動** 見る

80

그럴 때도 있지

[クロル テド イッチ]

【そういうときもあるよね】

落ち込んでいる人や悲しんでいる人を、この言葉で慰めてあげましょう。SNS などでメッセージを送るときに、토닥토닥 [トダクトダク] (ぽんぽん：軽く抱きしめて温かく肩をたたく音) と書くだけでも温かいぬくもりが感じられるはずです。

 サクサク使える！  ミニ会話。

ナン ハンサン ウェ イロジ
난 항상 왜 이러지.
ぼくはなんでいつもこうなのかな。

クロル テド イッチ　トダクトダク
그럴 때도 있지. (토닥토닥)
そういうときもあるよ。(ぽんぽん)

単語＆解説

난 = 나는 [ナヌン] 私は ▶ 나 [ナ]
代 わたし ／ 항상 副 いつも
왜 副 なんで、どうして
이러지 こうなのかな ▶ 이러다 [イロダ] 形 こうだ ／ 그럴 때도 そういうときも ▶ 그렇다[クロタ] 形 そうだ ／ 때 [テ] 名 とき ／ 있지 あるのよ ▶ 있다 [イッタ] 存 ある ／
토닥토닥 副 ぽんぽん

진정해

[チンジョンエ]

【落ち着いて！】

あせっている人や緊急事態などで慌てている人、いたずらなどで騒いでいる人に言ってあげましょう。「しっかりして！」「気を確かに」という意味で、진정해 [チンジョンエ]、정신 차려 [チョンシン チャリョ] も場面によって使います。

サクサク使える！ ミニ会話

＊家で出前を頼んで

トッポッキ ウェ イロケ アヌァ
떡볶이 왜 이렇게 안 와?
トッポッキ、なんでこんなに来ないわけ？

チンジョンエ チュムナン ジ オ ブンバッケ
アン ドェッソ
**진정해. 주문한 지 오 분밖에
안 됐어.**
落ち着いて。頼んでから5分も経って
ないよ

単語＆解説

떡볶이 図 トッポッキ(食べ物の名称)
왜 副 なんで、どうして／이렇게 こんなに／안 와? 来ないわけ▶오다
[オダ] 動 来る／진정해 落ち着いて
▶진정하다 [チンジョンアダ] 動 落ち着く／주문한 지 注文してから▶주문하다 [チュムナダ] 動 注文する／오 분밖에 5分も、5分しか／안 됐어 経ってないよ▶되다 [トェダ] 動 経つ、なる

82

으이그

[ウイグ]

【やっちゃったね】

相手のしたことに対して、あきれて言葉を失った瞬間、とっさに出てくる表現です。어떡해 [オットケ] (どうしよう) や큰일났네 [クンニルランネ] (大変なことになったね) も使います。

♪♪ サクサク使える！ **ミニ会話**

テクペロ カトゥン チェギ トゥ グォニナ
ワッソ チュムヌル チャルモテンナ ブァ
택배로 같은 책이 두 권이나 왔어. 주문을 잘못했나 봐.
宅配で同じ本が2冊も来ちゃったよ。
間違って注文しちゃったみたい。

ウイグ モッサラ
으이그. 못살아.
やっちゃったね。やれやれ。

単語＆解説

택배로 宅配で▶택배 [テクペ] 名
宅配 ／ 같은 책이 同じ本が▶같다
[カッタ] 形 同じだ 책 [チェク] 名
本／ 두 권이나 2冊も ／ 왔어 来ちゃったよ▶오다 [オダ] 動 来る ／
주문을 잘못했나 봐 間違って注文しちゃったみたい▶주문 [チュムン] 名
注文 잘못하다 [チャルモタダ] 動 間違う ／ 못살아 間 やれやれ

좋아요
[チョアヨ]

【OK です】

「良いですよ」という意味です。カジュアルには오케이 [オケイ] （OK） や 좋아 [チョア] （いいよ）、알았어 [アラッソ] （わかった） とも言います。

♪♪♪ サクサク使える！　ミニ会話

ネイル オウ ハン シヌン オットセヨ
내일 오후 한 시는 어떠세요?
明日の午後１時はいかがですか？

ネ チョアヨ
네, 좋아요.
ええ、OK です。

単語 & 解説

내일 名 明日
오후 名 午後
한 시는 １時は▶한 시 [ハン シ] １時
어떠세요? いかがですか▶어떻다
[オットタ] 形 どうだ
네 間 はい、ええ
좋아요 OK です、いいですよ▶좋
다 [チョタ] 形 良い

안 돼요
[アン ドェヨ]

【ダメです】

断りや禁止を表す丁寧な表現です。カジュアルに言いたいときは안 돼 [アン ドェ]（ダメ）。

 サクサク使える！ ♪♬ **ミニ会話**

トゥロガド ドェヨ
들어가도 돼요？
入ってもいいですか？

アン ドェヨ
안 돼요.
ダメです。（入れません）

単語&解説

들어가도 돼요？ 入ってもいいです
か？▶들어가다 [トゥロガダ] 動 入
っていく
안 돼요 ダメです▶안 되다 動 ダメ
だ、無理だ

잘했네
[チャレンネ]

【やるねー】

相手の言動を「よくやった」とほめるひとこと。甘える子をなだめるときの表現 오구오구 [オグオグ] (あらあら) をつけて、오구오구 잘했네 (あらま、よくできたじゃん) と言ったり、칭찬해 [チンチャネ] (ほめちゃう) という表現もよく使います。

♪♪ サクサク使える！ **ミニ会話**

単語&解説

어버이날 图 父母の日 (5月8日。韓国では母と父を同じ日に敬う) / 内 私の▶나 [ナ] 代 わたし / 그림을▶그림 [クリム] 图 絵 / 어머니께 お母さんに▶어머니 [オモニ] 图 お母さん / 선물로 드렸어 プレゼントしたよ▶선물 图 プレゼント 드리다 [トゥリダ] 動 差し上げる / 잘했네 やるね▶잘하다 [チャラダ] 動 上手に行う

オボイナル ネ クリムル オモニッケ ソンムルロ トゥリョッソ
어버이날 내 그림을 어머니께 선물로 드렸어.
父母の日にお母さんに私の絵をプレゼントしたよ。

チャレンネ
잘했네.
やるね。

어쩔…

[オッチョル]

【まじか…】

어쩔려구 [オッチョルリョグ] (どうしようって?) の短縮形で、ひどいと思ったり、逆にうれしすぎるなどで絶句する感じです。진짜야? [チンチャヤ]、정말? [チョンマル] (本当に?)、어이가 없네 [オイガ オムネ] (あきれちゃうね、信じられない) という表現もよく使います。

＊先輩がやさしく問いかけます

チャジャンミョン モグロ カジャ　オッパガ ピビョ ジュルケ
짜장면 먹으러 가자. 오빠가 비벼 줄게.
チャジャン麺食べに行こう、俺が(麺を)混ぜてあげるから。

オッチョル　ノム タルダレ
어쩔…. 너무 달달해.
まじか… やさしい。

単語＆解説

짜장면 名 韓国風ジャージャー麺 ／ 먹으러 가자 食べに行こう▶먹다 [モクタ] 動 食べる 가다 [カダ] 動 行く ／ 오빠가 俺が▶오빠 [オッパ] 名 (女性から見た) お兄さん ／ 비벼 줄게 混ぜてあげるから▶비비다 [ピビダ] 動 混ぜる ／ 너무 달달해 やさしい▶너무 副 とても、あまりにも ／ 달달하다 [タルダラダ] 形 甘い

세상에

[セサンエ]

【なんということでしょう…】

想像もできなかった出来事を見聞きし、嘆いたり驚いたりする表現です。「世の中に」という意味です。一音節目の세を伸ばして [セー サンエ] のように発音することがポイント！ 他にも실화야？[シルァヤ]（実話か？）と言ったりもします。

♪♫ サクサク使える！ ミニ会話

エイアイアンテ イルチャリルル ペッキョッソ
AI（에이아이）한테 일자리를 뺏겼어.
AI に仕事取られちゃったよ。

アイゴ セサンエ
아이고 세상에.
あらま、なんということでしょう。

単語 & 解説

AI（에이아이）한테 AI に ▶에이아이 名 AI（人工知能：Artificial Intelligence）

일자리를 仕事を ▶일자리 [イルチャリ] 名 仕事、働き口

뺏겼어 取られちゃったよ ▶뺏기다 [ペッキダ] 動 取られる、奪われる

아이고 間 あらま

세상에 間 なんということでしょう

드디어
[トゥディオ]

【待ってました!!】

期待して待っていたことが起きたときの喜びを表します。「いよいよ」「ついに」ほどの意味です。앗싸[アッサ]（すごい）、와[ワ]（あぁ）という感嘆詞もいいですね。場合によっては기다렸어요[キダリョッソヨ]（待っていました）とも言います。

＊芸能記事を見て

ク コムベク シングリ オヌル バム トゥディオ コンゲドェンデ
그 컴백 싱글이 오늘 밤 드디어 공개된대.
あのカムバック・シングルが今晩ついに公開されるんだって。

キャ トゥディオ
꺄, 드디어!!
きゃ、待ってました!!

単語&解説

그 冠 その
컴백 싱글이 カムバック・シングルが
오늘 밤 名 今晩
드디어 副 いよいよ。ついに。待ってました
공개된대 公開されるんだって▶공개되다[コンゲドェダ] 動 公開される
꺄 間 きゃ

대단하세요

[テダナセヨ]

【すばらしいです…!!】

感動してほめるときの丁寧な表現です。カジュアルな表現としては、若い世代を中心に、대박 [テバク]、최고 [チェゴ]、짱 [チャン] などもよく使われます。SNS なら엄지 척 [オムジ チョク] (親指を立てる) もうれしいアイコンです。

♪ サクサク使える! ミニ会話

チェガ シムマン ユトゥボガ ドェッソヨ
제가 십 만 유튜버가 됐어요.
登録者10万人のユーチューバーになりました。

ワ チョンマル テダナセヨ
와 정말 대단하세요.
それはすばらしいですね。

単語 & 解説

제가 私が▶저 [チョ] 代 わたくし／십 만 유튜버가 登録者10万人のユーチューバーに▶십 만 유튜버 [シムマン ユトゥボ] 10万ユーチューバー／됐어요 なりました▶되다 [トェダ] 動 なる／와 정말 それは (うわ、本当に) ▶와 感 うわ 정말 副 本当に／대단하세요 すばらしいですね▶대단하다 [テダナダ] 形 すばらしい

좋은데요
[チョウンデヨ]

【いいですね！！】

普段生活の中でたくさん口にしたい表現です。「良い！」という話し手の気持ちがこもった表現です。現場で目にした物事に対する感嘆には 좋네요 [チョンネヨ] も使います。

♪♩♫ サクサク使える！ **ミニ会話**

＊帽子屋さんで買い物中

イ モジャ オッテヨ
이 모자 어때요？
この帽子どうですか？

チョウンデヨ
좋은데요.
いいですね！！

単語 & 解説

이 冠 この
모자 名 帽子
어때요？ どうですか？ ▶ 어떻다
[オットタ] 形 どうだ
좋은데요 いいですね ▶ 좋다 [チョタ] 形 良い

어떡하죠
[オットカジョ]

【どうしましょう】

自分が困っている状況で、相手に相談したい気持ちを表します。カジュアルな表現では어떡해[オットケ](どうしよ)と言います。

サクサク使える！ ミニ会話。

プリントガ コジャンナッソヨ　オットカジョ
프린터가 고장났어요. 어떡하죠?
プリンターが壊れたんです。どうしましょう。

チェガ チョム ボルカヨ
제가 좀 볼까요?
私がちょっと見てみましょうか。

単語＆解説

프린터가 プリンターが▶프린터
[プリント]❸プリンター
고장났어요 壊れました▶고장나다
[コジャンナダ]❺壊れる
어떡하죠? どうしましょう▶어떡
하다[オットカダ]❺どうする
제가 私が▶저[チョ]❻わたくし
／좀❹ちょっと／볼까요? 見ま
しょうか▶보다[ボダ]❺見る

드릴 말씀이 없습니다

[トゥリル マルスミ オプスムニダ]

【かける言葉が見つかりません…】

不幸に遭った相手を気遣うときや、言葉を失うような状況を前にしたときに用います。「差し上げる言葉がありません」という意味です。

♪♫ サクサク使える！　ミニ会話。

ヘンドゥポン イロボリョッソ
핸드폰 또 잃어버렸어.
またケータイなくしちゃった。

トゥリル マルスミ オプスムニダ
드릴 말씀이 없습니다.
かける言葉が見つかりません。

単語&解説

핸드폰 **名** 携帯電話、スマートフォン ／ 또 **副** また
잃어버렸어 なくしちゃった ▶잃어버리다 [イロボリダ] **動** なくす
드릴 말씀이 かける言葉が
없습니다 見つかりません ▶없다
[オプタ] **動** ない

이게 뭐야

[イゲ ムォヤ]

【最悪だー!!!】

ことの状態や結果にひどくがっかりしたり、腹が立ったときの表現です。「これは何?」「何だ、これは」という意味で、批判や怒りを表します。状況によって최악이야[チェアギャ](最悪だよ)、극혐이야[クキョミヤ](極めて嫌いだ)なども使います。

♪♫ サクサク使える！ ミニ会話

*姉が弟の前髪を切ってくれた

アク イゲ ムォヤ
악 -! 이게 뭐야.
うぁー！ 最悪だー!!!

ウェ クィヨウンデ
왜. 귀여운데.
なんで？ かわいいけど。

単語＆解説

악 [間] うぁー
이게 뭐야 最悪だ、これなんなの
왜 [副] なぜ、どうして
귀여운데 かわいいけど、かわいいよ ▶귀엽다 [クィヨプタ] [形] かわいい

이 은혜는 절대 잊지 않겠습니다

[イ ウネヌン チョルテ イッチ アンケッスムニダ]

神…!!!!

【このご恩は絶対に忘れません】

相手にこの上ない感謝を伝えます。「この借りは必ず」という意味でも使えます。 一般に感謝を表す言葉は감사합니다 [カムサアムニダ] (ありがとうございます) で、ちょっとした感謝から、深い感謝まで万能です。

♪♪ サクサク使える！ ミニ会話。

イ ウネヌン チョルテ イッチ アンケッスムニダ
이 은혜는 절대 잊지 않겠습니다.
このご恩は絶対に忘れません。

アニエヨ クロケッカジ
아니에요. 그렇게까지 …
いえいえ、そこまで…。

単語＆解説

이 冠 この ／ 은혜는 ご恩は▶은혜 [ウネ] 名 恩、恩恵
절대 副 絶対に
잊지 않겠습니다 忘れません 잊다 [イッタ] 動 忘れる
아니에요 いえいえ、違います▶아니다 [アニダ] 指 ～でない、違う
그렇게까지 そこまで▶그렇게[クロケ] 副 そんなに

심오한데

[シモアンデ]

【深いねー】

深く感動したときに使える、感嘆の一言です。심오〈深奥〉한데は、「奥深いね」という意味です。「すごいね」ほどの意味で대단한데[テダナンデ]、좋은데[チョウンデ]とも言います。これらの表現は文末を上げるのがポイントです。

♪♪ サクサク使える！ **ミニ会話**

イ マル チョンマル シモアンデ
이 말, 정말 심오한데.
この言葉、本当に深いねー。

クチ
그치.
でしょう。

単語 & 解説

이 冠 この
말 名 言葉
정말 副 本当に
심오한데 深いね ▶ 심오하다 [シモ
アダ] 形 奥深い

그랬구나

[クレックナ]

【察した】

相手の状況や悩みなどに共感し、慰める一言です。「そうだったのか」という意味です。場面によって알아 [アラ] (わかる)、이해해 [イエエ] (理解してるよ) とも言います。

♪♪ サクサク使える！ ミニ会話

チャヨッソ　フクク
차였어. 흑흑.
フラれた。 しくしく。

クレックナ　クェンチャナ　トダクトダク
그랬구나. 괜찮아. 토닥토닥.
察した。 大丈夫。(肩を抱いて) ぽんぽん。

単語 & 解説

차였어 フラれた ▶ 차이다 [チャイダ] 動 フラれる

흑흑 圓 しくしく

그랬구나 察した (そうだったのか)
▶ 그러다 [クロダ] 動 そうする

괜찮아 大丈夫 ▶ 괜찮다 [クェンチャンタ] 形 大丈夫だ

토닥토닥 圓 ぽんぽん、とんとん(擬声語)

진짜 웃겨

[チンチャ ウッキョ]

【ウケる！】

笑いをこらえられずに、思わず出してしまう一言です。「ほんとに笑わせている」という意味です。대박 [テバク] (すごい)、웬일이야 [ウェンニリヤ] (なにごとだ) とも言います。

サクサク使える！ ミニ会話。

*テレビでお笑い番組を見ながら

チンチャ ウッキョ ククク
진짜 웃겨. ㅋㅋㅋ.
ウケる！ ははは！

チンチャ ウッキンダ
진짜 웃긴다.
ほんとウケる。

単語＆解説

진짜 웃겨 ウケる！▶진짜 副 本当に 웃기다 [ウッキダ] 動 笑わせる ㅋㅋㅋ 國 ははは、クックック（笑い声の表記）
웃긴다 ウケる▶웃기다 [ウッキダ] 動 笑わせる

다녀와
[タニョワ]

【いってらー】

誰かを見送るときのあいさつの表現です。目下の人や親しい人に対して使う
「行ってきて」という意味です。丁寧な表現としては **다녀오세요**[タニョオセヨ]
(いってらっしゃい) と言います。

♪ サクサク使える！ ミニ会話。

タニョオゲッスムニダ
다녀오겠습니다.
行ってきます。

タニョワ
다녀와.
いってらー。

単語 & 解説

다녀오겠습니다 行ってきます▶ **다
녀오다** [タニョオダ] 動 行ってくる
다녀와 いってらー▶ **다녀오다** [タ
ニョオダ] 動 行ってくる

재밌겠다

[チェミッケッタ]

【たのしみ!!】

約束や行事などを控え、高まる期待を表します。「面白そう」という意味です。
場面によって너무 기대돼 [ノム キデドェ] (とても期待できる)、신난다 [シ
ンナンダ] (楽しい)、너무 좋아 [ノム チョア] (うれしい)、내일 봐 [ネ
イル プァ] (明日会おう) とも (内日の分部に約束の日を入れます)。

♪♪ サクサク使える! ミニ会話

ポギロ ハン ヨンファガ チョンマングァンゲク
トルパエッテ
**보기로 한 영화가 천만관객
돌파했대.**
見に行く映画、観客が一千万人
突破したんだって。

オ クレ チェミッケッタ
어 그래? 재밌겠다.
ほんと? 楽しみ!!

単語&解説

보기로 한 영화가 見ることにした映画が
천만관객 图 一千万人の観客
돌파했대 突破したんだって ▶돌파
하다 [トルパアダ] 動 突破する
어 그래 圏 ほんと? あ、そう?
재밌겠다 楽しみです ▶재미있다
[チェミイッタ] 存 面白い

그럼요

[クロムニョ]

【もちろんです!!】

快く承諾したり認めたりするときの表現です。親しい相手には당근이지 [タングニジ] (当然だよ) とも言います。당연 [タンヨン] (当然) と당근 [タングン] (にんじん) の発音をかけて面白おかしく言ったものです。물론이죠 [ムルロニジョ] (もちろんです) も使います。

♪♪
サクサク使える！ **ミニ会話**

キムチ モグル ス イッソヨ
김치 먹을 수 있어요？
キムチ食べられますか？

クロムニョ
그럼요.
もちろんです。

単語&解説

김치 名 キムチ

먹을 수 있어요？ 食べられますか？
▶먹다 [モクタ] 動 食べる

그럼요 もちろんです

나 간다
[ナ カンダ]

【もう行っちゃうよー】

宣言している表現です。「私、行くよ」という意味です。

サクサク使える！ ♪♫ ミニ会話 ♫

ナ カンダ
나 간다.
もう行っちゃうよ。

キダリョ カチ ガ
기다려. 같이 가.
待って。一緒に行こうよ。

単語＆解説

나 간다 もう行っちゃうよ▶나 代 わたし 가다 [カダ] 動 行く
기다려 待って▶기다리다 [キダリダ] 動 待つ
같이 一緒に
가 行こう▶가다 [カダ] 動 行く

아마

[アマ]

【たぶん…】

確信がないことについて「そうだと思うよ」と推測する表現です。事実であっても、あえてこう言うことで話を和らげる効果もあります。아마 그럴 걸？[アマ クロル コル]（たぶんそうでしょ？）の形でよく使います。文末は上げて発音します。

♪♪♪
サクサク使える！ **ミニ会話**

ガス プル クゴ ナワッチ
가스 불 끄고 나왔지？
ガスは消してきたよね？

ウン アマ
응 아마.
うん、たぶん。

単語&解説

가스 불 ガス（の火）▶가스 名 ガス
불 名 火
끄고 나왔지？消して来たよね？▶
끄다 [クダ] 動 消す 나오다 [ナオダ] 動 出てくる、出かける
응 感 うん
아마 副 たぶん、おそらく

아무도 안 계세요?

[アムド アン ゲセヨ]

【どなたかいらっしゃいませんかー】

訪問先に人の気配が感じられないときや、訪ねてきたことを知らせるときに言いましょう。「誰もいらっしゃいませんか」という意味の丁寧な表現で、少しカジュアルな누구 없어요?[ヌグ オプソヨ](誰かいませんか)もよく使います。

サクサク使える！ ミニ会話

アムド アン ゲセヨ
아무도 안 계세요?
どなたかいらっしゃいませんか？

ネ ナガヨ　チャムカンマンニョ
네, 나가요. 잠깐만요.
はい、行きます。ちょっと待ってください。

単語 & 解説

아무도 どなたか、誰も
안 계세요? いらっしゃいませんか？ ▶계시다 [ケシダ] 動 いらっしゃる
네 [ネ] 間 はい
나가요 行きます ▶나가다 [ナガダ] 動 出ていく、行く
잠깐만요 ちょっと待って(いて)ください

봤거든요
[プァッコドゥンニョ]

【見ましたよ】

自分の目で見たことを言ってみましょう。ドラマや映画、絵画などの作品や公演、ある状況や光景など、「私はちゃんと見ましたよ」いう意味でさまざまに使えます。봤어요 [プァッソヨ] (見ましたよ) とも言います。

ナン アン モゴッソ
난 안 먹었어.
私は食べてないよ。

チェガ プァッコドゥンニョ
제가 봤거든요.
私が（食べるのを）見ましたよ〜

単語＆解説

난 ＝ 나는 [ナヌン] 私は ▶ 나 [ナ]
代 わたし
안 먹었어 食べてないよ、食べなかったよ ▶ 먹다 [モクタ] 動 食べる
제가 私が ▶ 저 [チョ] 代 わたくし
봤거든요 見ましたよ、見たもんですから ▶ 보다 [ボダ] 動 見る

3 呼びかけのことば

うさぎ

 先生、
旅行、行ってきました〜。

どうでしたか。

 楽しかったです！

よかったですね。
たくさん話せましたか

うーん、少しはなんとか話
せました ^^。

ただ、最初どう話しかけた
らいいか、わからなくて…。

あ、なるほど。呼びかける
ときの表現もいろいろあり
ますよ。

お願いします！

♥ 呼びかけのことば

● チョギヨ
저기요. (すみません。／あのう。) 🔊

● ヨギヨ
여기요. (すみません。) 🔊
☆ 直訳は「ここです」。 ものを手渡すときは「どうぞ」の意
味。

● イッチャナヨ
있잖아요. (すみませんが。／あの…ですね。) 🔊
☆ 直訳は「あるじゃないですか」。

● チェソンアンデヨ
죄송한데요. (すみませんが。) 🔊

Chapter4
学校・仕事

学校の友だちや職場の同僚などと会話するときに使う表現を集めました。先輩や上司、あるいはお客さんなど、目上の人に対する言い方も覚えるようにしましょう。

おまかせください!!

고마워!
[コマウォ]

【ありがとう！】

感謝を表すカジュアルなあいさつ表現です。親しい人や目下の人に対する丁寧な表現は고마워요 [コマウォヨ]、丁寧で格式のある表現は감사합니다 [カムサアムニダ] です。どちらも「ありがとうございます」「ありがとうございました」の意味です。

サクサク使える！ ミニ会話

ケイパプ アイドル コンソトゥ ピョ クエ ノァッソ
케이팝 아이돌 콘서트 표 구해 놨어.
K-POPアイドルのコンサートのチケット、手に入れたよ。

キャ コマウォ
꺄 고마워.
きゃー、ありがとう！

単語＆解説

케이팝 名 K-POP
아이돌 名 アイドル
콘서트 名 コンサート
표 名 チケット
구해 놨어 手に入れたよ ▶ 구해 놓다 [クエ ノタ] 動 手に入れる
꺄 間 きゃー（驚いたときの間投詞）
고마워 ありがとう ▶ 고맙다 [コマプタ] 形 ありがたい

그렇구나

[クロクナ]

【そっかそっか】

相手の話に対するあいづち表現。「そう」「そうか」の意味で、同情やねぎらいの意味も伝えられます。ほかにも 그랬구나 [クレックナ] (そうだったのか)、그래？ [クレ] (そうか)、아~ [アー] (あ～) などが共感を伝えるカジュアルなあいづち表現です。

サクサク使える！ ミニ会話

アネガ ナムピョナンテ ウォナヌン マリ ムォンジ アラ クロクナレ
아내가 남편한테 원하는 말이 뭔지 알아？ "그렇구나"래.
妻が夫に望むひとことって何だか知ってる？「そっかそっか」なんだって。

ア クロクナ
아, 그렇구나.
그렇구나.

単語＆解説

아내가 妻が▶아내 名 妻 ／ 남편한테 夫に▶남편 名 夫 ／ 원하는 望む▶원하다 [ウォナダ] 動 望む ／ 말이 ひとことって▶말 名 言葉 ／ 뭔지 何だか▶뭐[ムォ] 代 何 ／ 알아？ 知ってる？▶알다 [アルダ] 動 知る ／ 그렇구나래 そっかそっかだって▶그렇다 [クロタ] 形 そうだ ／ 아 感 あ ／ 그렇구나 そっかそっか

111

지금 바빠?

[チグム パッパ]

【今、ヒマ?】

「今忙しい?」という意味で、相手に少し時間を割いてもらいたいときに都合を尋ねる表現です。시간 돼?[シガン ドェ?](時間ある?)、지금 괜찮아?[チグム クェンチャナ](今いい?)なども使えます。

♪♪ サクサク使える! ♪♪ ミニ会話

チグム パッパ
지금 바빠?
今、ヒマ(忙しい)?

オ ウェ
어, 왜?
忙しいけど、何?

単語&解説

지금 바빠?今、ヒマ?(忙しい?)
▶지금 名 今 바쁘다 [パップダ] 形
忙しい
어 間 うん
왜? 副 なんで? どうして?

심심해

[シムシメ]

【ヒマー】

自分が時間を持て余して暇なとき、共に時間を過ごしたい相手にさりげなく声をかけられる表現です。「つまらない」「退屈」「ヒマ」という意味です。

♪ サクサク使える！ ミニ会話

シムシメ
심심해.
ヒマー。

カチ ウンドン カルレ
같이 운동 갈래？
一緒に運動しに行く？

単語＆解説

심심해 ヒマー ▶ 심심하다 [シムシマダ] 形 暇だ、退屈だ、つまらない

같이 副 一緒に

운동 名 運動

갈래？ 行く？ ▶ 가다 [カダ] 動 行く

113

85 잘될 거야

[チャルドェル コヤ]

【いけるっしょ！】

「私たちならきっとうまくいくよ」「君ならきっとうまくいくよ」という希望のメッセージを込めて勇気づけるフレーズです。

♪サクサク使える！♪ ミニ会話

コペカルカ マルカ
고백할까 말까.
告白しようか、やめようか。

ヘ ブァ　チャルドェル コヤ
해 봐. 잘될 거야.
してみたら？ いけるっしょ！

単語 & 解説

고백할까 말까 告白しようか、やめようか▶고백하다 [コベカダ] 動 告白する

할까 말까 [ハルカ マルカ] 〜するかやめるか

해 봐 してみたら？（してみて）▶보다 [ヘ ボダ] 動 してみる、やってみる ／ 잘될 거야 いけるっしょ▶잘되다 [チャルドェダ] 動 うまくいく

시험 어떡해

[シオム オットケ]

【テストやばい！】

テストの前後の心配な気持ちを表します。「試験どうしよう」ほどの意味です。
어떡해 [オットケ] の代わりに、망했어 [マンヘッソ]（滅びた）、큰일
났어 [クニルラッソ]（大ごとが生じた、やばい、大変だ）も使います。

サクサク使える！ ミニ会話

ネイル シオム オットケ
내일 시험 어떡해.
明日のテストやばい！

クニカ ピョンソエ コンブルル ヘッソヤジ
그니까 평소에 공부를 했어야지.
だから普段から勉強しとかなくちゃ。

単語＆解説

내일 图 明日 ／ 시험 图 試験
어떡해 やばい（どうしよう）▶어
떡하다 [オットカダ] 動 どうする
그니까＝그러니까 [クロニッカ] 接
だから ／ 평소에 普段から▶평소
[ピョンソ] 图 普段、平素 ／ 공부
를 勉強を▶공부 [コンブ] 图 勉強
했어야지 しとかなくちゃ▶하다
[ハダ] 動 する

115

숙제해야 돼

[スクチェエヤ ドェ]

【宿題しなくちゃ！】

「宿題しなければならない」という意味です。빨래해야 돼 [パルレエヤ ドェ]
（洗濯しなくちゃ）、청소해야 돼 [チョンソエヤ ドェ]（掃除しなきゃ）など、
いろいろ応用できます。

♪ サクサク使える！ ミニ会話

単語 & 解説

モォ ヘ　チュククアジャ
뭐 해? 축구하자.
何してる？　サッカーしよう。

ナジュンエ　チグム スクチェエヤ ドェ
나중에. 지금 숙제해야 돼.
また今度。今、宿題しなくちゃ。

뭐 해? 何してる?▶뭐 代 何 하다
[ハダ] 動 する
축구하자 サッカーしよう▶축구하
다 [チュククアダ] 動 サッカーする
나중에 また今度、あとで▶나중 [ナ
ジュン] 名 あと、後ほど
지금 副 今
숙제해야 돼 宿題しなくちゃ▶숙제
하다 [スクチェアダ] 動 宿題する

내일부터 할 거야

[ネイルブト ハル コヤ]

【明日から本気だす】

「明日からやる」という意味です。何かを決心したときには、作心三日〈作心三日〉[チャクシムサミル]（三日坊主）という言葉がセットでついてきます。"本気"を長続きさせるためには、明日に延ばさないで지금부터[チグムブト]（今から）ですよ！

サクサク使える！ ミニ会話

パンアク スクチェ タ ヘッソ
방학 숙제 다 했어？
休みの宿題は終わった？

ネイルブト ハル コヤ
내일부터 할 거야！
明日から本気出す（明日からやるから）！

単語 & 解説

방학 숙제 休みの宿題 ▶방학 图
（夏休みなどの）学校の休み 숙제
图 宿題
다 했어？ 終わった（全部やった）？
▶다 副 全部 하다 [ハダ] 動 する
내일부터 明日から▶내일 [ネイル]
图 明日
할 거야 やるから▶하다 [ハダ] 動
やる、する

117

사고 쳤어

[サゴ チョッソ]

【やらかしたー！】

「事故を起こした」という意味ですが、ミスや失態をおかしてしまったときに出てくる言葉です。相手に「やらかしちゃったね」と言いたいときは、일냈네 [イルレンネ] とも言います。

♪ サクサク使える！ ミニ会話

ヒュゥ サゴ チョッソ トゥ ボンチェダ チャ クルグン ゲ
휴 사고 쳤어. 두 번째다, 차 긁은 게.
ひぇ、やらかした。2回目だよ、車傷つけたの。

イボネン チョム シマンデ
이번엔 좀 심한데?
今度はちょっとひどいな。

単語 & 解説

휴 感 ひぇ ／ 사고 쳤어 やらかした ▶ 사고 치다 [サゴ チダ] 名+動 事故る ／ 두 번째다 2回目だよ ／ 차 名 車 ／ 긁은 게 傷つけたの▶긁다 [ククタ] 動 傷つける、掻く 게 代 ことが ／ 이번엔 今度は▶이번 [イボン] 名 今度 ／ 좀 副 ちょっと ／ 심한데? ひどいな▶심하다 [シマダ] 形 ひどい

118

그건 그렇고

[クゴン クロコ]

【それはさておき】

「それはそうであって」という意味です。 話の途中で話題を変えたいときに、
「それはそうと」「それはさておき」ほどの意味で使えるフレーズです。

サクサク使える！ ミニ会話

ヨジュム キョンジェ ムンジェガ シムガケ
요즘 경제 문제가 심각해.
最近、経済問題が深刻だよ。

クゴン クロコ　チョニョグン ムォル モクチ
그건 그렇고. 저녁은 뭘 먹지？
それはさておき。夕食は何にする？

単語 & 解説

요즘 剾 最近 ／ 경제 문제가 経済問題が ▶경제 문제 [キョンジェ ムンジェ] 图 経済問題 ／ 심각해 深刻だ ▶심각하다 [シムガカダ] 厖 深刻だ ／ 그건 그렇고 それはさておき ▶그렇다 [クロタ] 厖 そうだ ／ 저녁은 夕食は ▶저녁 [チョニョク] 图 夕食 뭘 何を ▶뭐 [ムォ] 代 何 ／ 먹지？食べようか？ ▶먹다 [モクタ] 勔 食べる

119

짜증나
[チャジュンナ]

【ムカツク】

腹が立ち、いらいらして、独り言のように言います。 열 받아 [ヨル バダ] （熱を受ける）、 신경질 나 [シンギョンジル ナ] （神経質が生じる） なども、「むかつく」表現です。

サクサク使える！ ミニ会話

チグム ファサン スオプ シガン アニヤ
지금 화상 수업 시간 아니야?
今オンライン授業の時間じゃないの？

チョプソギ アンデ　チャジュンナ
접속이 안돼. 짜증나.
つながらないんだよ。ムカツク。

単語 & 解説

지금 图 今 / 화상 수업 시간 图 オンライン（のリアルタイムで行う）授業の時間 / 아니야？じゃないの？ ▶아니다 [アニダ] 指 …ではない / 접속이 接続が▶접속 [チョプソク] 图 接続 / 안돼 できない▶안되다 [アンデダ] 動 できない / 짜증나 むかつく▶짜증나다 [チャジュンナダ] 動 むかつく、腹が立つ

끝！

[クッ]

【できた！】

物事を完成させ、喜んで叫びます。「終わり」という意味です。다 했다[タヘッタ]（すべてやった）と言うのも良し。長く伸ばして、「クゥーッ」と発音すると喜びがより増すかもしれません。

サクサク使える！ ミニ会話

ケイク マンドゥルギ　クッ
케이크 만들기 끝！
ケーキ、できた（終わり）！

ワ マシッケッタ
와 맛있겠다.
わー、おいしそう。

単語＆解説

케이크 名 ケーキ
만들기 作ること（動詞の名詞形）
끝 名 できた、終わり
와 間 うわ
맛있겠다 おいしそう ▶ 맛있다 [マシッタ] 形 おいしい

정말 미안해!

[チョンマル ミアネ]

【ほんっとごめん！】

미안해 [ミアネ]（ごめん）だけよりも、より切実に謝る気持ちが伝わりますように。

♪ サクサク使える！♪ ミニ会話

ネイル ヒュイリンデ オディロ ノルロ ガルカ
내일 휴일인데 어디로 놀러 갈까?
明日休日だけど、どこに遊びに行こうか。

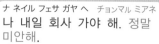

ナ ネイル フェサ ガヤ ヘ　チョンマル ミアネ
나 내일 회사 가야 해. 정말 미안해.
俺、明日会社に行かないといけない。ほんっとごめん…！

単語＆解説

내일 图 明日 ／ 휴일인데 休日だけど▶휴일이다 [ヒュイリダ] 图＋指 休日である ／ 어디로 どこに▶어디 代 どこ ／ 놀러 갈까？ 遊びに行こうか ／ 나 代 俺 ／ 회사 图 会社 ／ 가야 해 行かないといけない▶가다 [カダ] 動 行く ／ 정말 미안해 ほんとごめん▶정말 副 本当に ／ 미안하다 [ミアナダ] 形 すまない

알겠어！

[アルゲッソ]

【了解！】

「あかったよ！」という意味でカジュアルに使えます。丁寧でフォーマルな表現としては、알겠습니다［アルゲッスムニダ］（わかりました、了解です）があります。

サクサク使える！ ミニ会話

ネイル セ シエ マンナ
내일 세 시에 만나.
明日の3時に会おう。

アルゲッソ
알겠어.
了解。

単語＆解説

내일 **名** 明日
세 시에 3時に▶세 시［セ シ］**数**＋
名 三時
만나 会おう▶만나다［マンナダ］**動**
会う
알겠어 了解、わかった▶알다［アルダ］**動** わかる

123

이따가 연락할게요

[イッタガ ヨルラカルケヨ]

【あとで連絡します】

先輩や目上の人に対して送るメッセージです。友達同士などカジュアルな関係では 이따가 연락할게! (あとで連絡するね!) と言います。이따가 の代わりに 나중에 [ナジュンエ] (後で) を使って、나중에 연락할게요 (あとで連絡します) でも OK! 改まった相手なら 나중에 연락하겠습니다. [ナジュンエ ヨルラカゲッスムニダ]

サクサク使える! ミニ会話

シガヌン イッタガ ヨルラカルケヨ
시간은 이따가 연락할게요.
時間はあとで連絡します。

ネ アルゲッスムニダ
네, 알겠습니다.
はい、了解です。

単語&解説

시간은 時間は ▶ 시간 [シガン] 名 時間

이따가 副 あとで

연락할게요 連絡します ▶ 연락하다 [ヨルラカダ] 動 連絡する

알겠습니다 了解です (わかりました) ▶ 알다 [アルダ] 動 わかる

처음 들어

[チョウム トゥロ]

【きいてないよー】

「初めて聞くよ」という意味です。그런 얘기 들은 적 없어 [クロン イェギ トゥルレン チョク オプソ](そんな話聞いたことない)とも言います。

ソンセンニム キョロナシンデ
선생님 결혼하신대.
先生結婚するんだって。

ムォ ク イェギヌン チョウム トゥロ
뭐？ 그 얘기는 처음 들어.
何？その話は聞いてないよー(初耳だよ)。

単語＆解説

선생님 名 先生
결혼하신대 結婚するんだって ▶ 결혼하다 [キョロナダ] 動 結婚する
뭐？ 代 何？
그 冠 その ／ 얘기는 話は ▶ 얘기 [イェギ] 名 話
처음 들어 聞いてないよ（初耳だよ）▶ 처음 名 初めて 듣다 [トゥッタ] 動 聞く

시무룩…

[シムルク]

【しょぼーん】

元気をなくし、さみしそうに落ち込んでいる顔の表情を描写した言葉です。
SNS などで自分の気持ちを伝えるときなどに、よく使われます。

サクサク使える！ ミニ会話

セロ ナオン ヘムボゴ シプ ブンマネ メジンドェッテ
새로 나온 햄버거 십 분만에 매진됐대.
新発売のハンバーガー、10分で売り切れたんだって。

モッコ シボンヌンデ シムルク
먹고 싶었는데. 시무룩…
食べたかったのに。しょぼーん。

単語&解説

새로 圖 新しく ／ 나온 出た▶나오
다 [ナオダ] 圖 出てくる ／ 햄버거
图 ハンバーガー ／ 십 분만에 10
分で▶십 분 [シプ ブン] 颲+图 10
分 ／ 매진됐대 売り切れたんだって
▶매진되다 [メジンドェダ] 圖 売り
切れる ／ 먹고 싶었는데 食べたか
ったのに▶먹다 [モクタ] 圖 食べる
／ 시무룩 圖 しょぼーん

수고했어

[スゴエッソ]

【お疲れさま】

相手の苦労や頑張りに感謝とねぎらいの声をかけます。「苦労したね」の意味で後輩や友人に使えるカジュアルな表現。고생했어 [コセンエッソ] とも。「よくやった」という意味で잘했어 [チャレッソ]、まだ作業を続ける人には수고해 [スゴエ]（お疲れ、頼むよ）。

♪♪ サクサク使える！ ♪♪ **ミニ会話**

* アルバイトを終えた人に対して、残って仕事を続ける人が

モンジョ カルケ スゴエ
먼저 갈게. 수고해.
先に帰るね。お疲れー（頑張って）。

スゴエッソ チャル ガ
수고했어, 잘 가.
お疲れさま、気をつけて。

単語＆解説

먼저 副 お先に、先に
갈게 行くよ▶가다 [カダ] 動 行く
수고해 お疲れさま▶수고하다 [スゴアダ] 動 苦労する
수고했어 お疲れさま▶수고하다 [スゴアダ] 動 苦労する
잘 가 気をつけて、バイバイ

127

제가 해 드리겠습니다

[チェガ ヘ ドゥリゲッスムニダ]

【お任せください】

先輩、目上の人に対して「私がいたします」という意味です。場面によって
は맡겨 주세요 [マッキョ ジュセヨ] (任せてください) も使います。カジュ
アルには내가 해 줄게！[ネガ ヘ ジュルケ] (私がやってあげる！)

サクサク使える！ ミニ会話

イゴン チェガ ヘ ドゥリゲッスムニダ
이건 제가 해 드리겠습니다.
これはお任せください（私がやります）。

チョンマルリョ コマプスムニダ
정말요？ 고맙습니다.
本当ですか？ ありがとうございます。

単語＆解説

이건 これは ▶이거 [イゴ] 代 これ
제가 해 드리겠습니다 お任せくだ
さい（私がやります）▶제가 私が
해 드리다 [ヘ ドゥリダ] 動 やって
差し上げる
정말요？ 本当ですか？▶정말 [チョンマル] 名 本当
고맙습니다 ありがとうございます
▶고맙다 [コマプタ] 形 ありがたい

128

모르겠는데요

[モルゲンヌンデヨ]

【わからないです…】

「わかりませんが」という意味で、「わからない」を丁寧に婉曲に伝える表現です。잘 모르겠는데요 [チャル モルゲンヌンデヨ]（よくわかりませんが）と言うと、さらに婉曲な印象になります。カジュアルには몰라 [モルラ]（わからない）。

サクサク使える！ ミニ会話

イ ノレ アセヨ

이 노래 아세요?
この歌、ご存じですか。

モルゲンヌンデヨ

모르겠는데요.
わからないです（わかりませんが）。

単語＆解説

이 代 この
노래 名 歌
아세요? ご存じですか？ ▶ 알다
[アルダ] 動 知る、知っている
모르겠는데요 わからないです ▶ 모
르다 [モルダ] 動 わからない

재밌다

[チェミッタ]

【おもしろーい】

재미있다 [チェミイッタ]（面白い）が短縮された形です。とっても面白い
ときは、진짜 재밌어 [チンチャ チェミッソ]（ほんと面白い）や대박 [テバク]
（すごい）、끝내주는데 [クンネジュヌンデ]（すごいんだけど）といった表現
もよく使います。

♪ サクサク使える！ ミニ会話 ♪

＊動画配信サービスで映画を見終わって

イヤ チェミッタ
이야 재밌다.
うわ、おもしろーい。

チンチャ クンネジュヌンデ
진짜. 끝내주는데.
ほんとだ。 まじすごい。

単語＆解説

이야 感 うわ
재밌다 面白い ▶재미있다 [チェミ
イッタ] 存 面白い
진짜 副 ほんとに
끝내주는데 まじすごい ▶끝내주다
[クンネジュダ] 動 すごい、すばら
しい

덕분에 살았어요

[トクプネ サラッソヨ]

【助かりました！】

感謝を伝える丁寧な表現です。「おかげさまで助かりました」という意味です。一般に感謝を表す 감사합니다 [カムサアムニダ]（ありがとうございます）も場面によって使います。

サクサク使える！ ミニ会話

ソリュ チェチュレッソヨ
서류 제출했어요?
書類は出せましたか？

ネ トワジュシン トクプネ サラッソヨ
네, 도와주신 덕분에 살았어요.
ええ、ご助力いただいたおかげで助かりました。

単語 & 解説

서류 图 書類 / 제출했어요？出せましたか？▶제출하다 [チェチュラダ] 動 提出する / 네 感 ええ、はい / 도와주신 ご助力いただいた ▶도와주다 [トワジュダ] 動 手伝う 덕분에 おかげさまで▶덕분 [トクプン] 图 おかげさま
살았어요 助かりました、無事でした▶살다 [サルダ] 動 生きる

131

103

뭐 해?

[ムォ へ]

【何してるの?】

誰かが人知れず何かをしているところを見つけたときに言うひと言です。

♪♪ サクサク使える! ♪♪ **ミニ会話**

単語 & 解説

뭐 해? 何してるの? ▶뭐 代 何
하다 [ハダ] 動 する
어 感 あ、うん
잠깐 副 ちょっと、ちょっとの間
인터넷 名 インターネット
봤어 見てた ▶보다 [ポダ] 動 見る

*姉の部屋で

ムォ へ
뭐 해?
何してるの?

オ チャムカン イントネッ ブァッソ
어, 잠깐 인터넷 봤어.
あ、ちょっとネット見てた。

다 같이 파이팅!
[タ カチ パイティン]

【いっしょに頑張ろう！】

「みんな一緒にファイト！」と目標に向かって互いに励まし合うフレーズです。
Chapter3 [33] でも取り上げた 아자아자 파이팅 [アジャアジャ パイティン]（が
んがんファイト！）や、모두 힘내세요 [モドゥ ヒムネセヨ]（みんな元気出してください）、
같이 열심히 하자 [カチ ヨルシミ ハジャ]（一緒に熱心にやろう）とも言います。

♪ サクサク使える！ ミニ会話

> タ カチ パイティン
> 다 같이 파이팅!!
> 一緒に頑張ろう！

> パイティン モドゥ ヒムネセヨ イェ
> 파이팅!! 모두 힘내세요. 예~!
> 頑張ろう！ みんな元気出して。 イェー！

単語＆解説

다 같이 一緒に（みんな一緒に）
▶다 副 みんな、全部 같이 副 一
緒に
파이팅 間 頑張ろう、ファイト
모두 副 みんな
힘내세요 元気出してください▶힘
내다 [ヒムネダ] 動 力を出す、元気
を出す
예 間 イェ

105

배고파

[ペゴパ]

【おなかすいたー】

カジュアルな表現です。꼬르륵 거려 [コルルク コリョ]（＜おなかが＞くる
ると鳴る）は「おなかぺこぺこ」に似ていますね！

サクサク使える！ ミニ会話

ペゴパ
배고파.
おなかすいたー。

ムォ モグルレ
뭐 먹을래？
なんか食べる？

単語＆解説

배고파 おなかすいた ▶ 배고프다
[ペゴプダ] 形 おなかがすいている
뭐 代 なんか、何
먹을래？ 食べる？ ▶ 먹다 [モクタ]
動 食べる

좀 어려울 것 같아

[チョム オリョウル コッ カタ]

【ちょっと厳しいかも…】

ものごとがうまく進まず、できそうにない状況を婉曲に伝えます。「ちょっと難しいと思う」ほどの意味です。**좀 힘들 것 같아**[チョム ヒムドゥル コッ カタ]（ちょっとしんどいと思う）も同様の表現です。

 サクサク使える！ ミニ会話

チュイジク オットケ ドェッソ
취직 어떻게 됐어?
就職どうなった？

チョム オリョウル コッ カタ
좀 어려울 것 같아.
ちょっと厳しいかも…。

単語＆解説

취직 **名** 就職
어떻게 **副** どのように
됐어？ なった？ ▶되다 [トェダ] **動** なる
좀 **副** ちょっと
어려울 것 같아 厳しいかも ▶어렵다 [オリョプタ] **形** 難しい

135

107 잠깐 할 얘기가 있는데

[チャムカン ハル イェギガ インヌンデ]

【ちょっと相談したいんだけど…】

悩み事の相談を持ちかけるときのカジュアルな前置き表現。「ちょっと話があるんだけど」という意味です。의논할 게 있는데 [ウィノナル ケ インヌンデ] （相談があるんだけど）とも言います。

サクサク使える！ ミニ会話

チャムカン ハル イェギガ インヌンデ
잠깐 할 얘기가 있는데.
ちょっと相談したいんだけど…

ムォンデ
뭔데？
何？

単語＆解説

잠깐 副 ちょっと
할 얘기가 있는데 相談したいんだけど（相談があるんだけど）▶하다 [ハダ] 動 する 얘기 名 話 있다 [イッタ] 存 ある
뭔데？ 何？▶뭐（何）＋指定詞の이다の脱落＋ㄴ데（…だけど）

잠깐 쉬어도 될까요?

[チャムカン シュイオド ドェルカヨ]

【ちょっと休んでいいですか】

自分が休みたいときに使えるフレーズです。「ちょっと休んでもいいですか」という意味です。

サクサク使える！ ミニ会話

チョ チャムカン シュイオド ドェルカヨ
저 잠깐 쉬어도 될까요?
私、ちょっと休んでいいですか。

クロムニョ　シュイオッタガ ハセヨ
그럼요, 쉬었다가 하세요.
どうぞ（もちろんです）。休んでからやってください。

単語＆解説

저 代 私
잠깐 副 ちょっと
쉬어도 될까요? 休んでもいいです
か ▶ 쉬다 [シュィダ] 動 休む
그럼요 間 もちろんです
쉬었다가 하세요 休んでからやって
ください ▶ 쉬다 [シュィダ] 動 休む

137

TRACK
109

메일 보냈어

[メイル ポネッソ]

【メールしたよー】

「メール送ったよ」という意味です。ほかに、LINE なら 라인 봐 봐 [ライン プァ プァ]（ライン見てみて）。韓国では 카카오톡 [カカオトク]（カカオトーク）がよく使われているので、톡 봐 봐 [トク プァ プァ]（トク見てみて）などとも言います。

♪♫ サクサク使える！ ミニ会話

メイル ポネッソ
메일 보냈어.
メールしたよ。

アラッソ ファギナルケ
알았어. 확인할게.
わかった。確認するね（見るよ）。

単語＆解説

메일 보냈어 メールしたよ▶메일 名
メール 보내다 動 送る
알았어 わかった▶알다 [アルダ] 動
わかる
확인할게 確認しとくね▶확인하다
[ファギナダ] 動 確認する

138

알겠습니다

[アルゲッスムニダ]

【かしこまりました！】

[94] で紹介した 알겠어 [アルゲッソ]（了解！）より丁寧でフォーマルな
表現です。「わかりました」という意味です。

サクサク使える！ ミニ会話

オヌル ススンエ ナル ヘンサヌン オプスムニダ
오늘 스승의 날 행사는 없습니다.
今日「師の日」の行事はありません。

ネ アルゲッスムニダ
네, 알겠습니다.
はい、 かしこまりました。

単語＆解説

오늘 名 今日
스승의 날 名 師の日(5月15日、先生を敬う日)
행사는 行事は▶행사 名 行事
없습니다 ありません▶없다 [オプタ] 存 ない
네 國 はい
알겠습니다 かしこまりました▶알다 [アルダ] 動 わかる

139

힘들어

[ヒムドゥロ]

【しんどッ！】

大変なこと、面倒なことを抱えて疲れ切っている様子を表します。 피곤해[ピゴネ]（疲れた）や기운 없어 [キウン オプソ]（力がない、へとへとになった）とも言います。

♪♪ サクサク使える！ ♪♪ **ミニ会話**

ヒムドゥロ
**힘들어.
しんどッ！**

スゴエッソ
**수고했어.
お疲れさま。**

単語＆解説

힘들어 しんどッ▶힘들다 [ヒムドゥルダ] 形 つらい、大変だ
수고했어 お疲れさま▶수고하다 [スゴアダ] 動 苦労する

확인해 볼게

[ファギネ ボルケ]

【確認しとくね】

「確認してみるね」という意味です。체크할게 [チェクアルケ] (チェックするから) とも言います。

♪♪ サクサク使える！ ミニ会話

ネイル チュンビムル タ チェンギョッソ
내일 준비물 다 챙겼어?
明日持ってくもの、みんな用意できた？

オ タシ ファギネ ボルケ
어 다시 확인해 볼게.
うん、もいっかい確認しとくね。

単語 & 解説

내일 **名** 明日
준비물 **名** 持っていくもの、準備物
다 **副** 全部
챙겼어？ 用意できた？ ▶ 챙기다
[チェンギダ] **動** 用意する、揃える
어 **間** うん
다시 **副** もう一回
확인해 볼게 確認しとくね ▶ 확인하
다 [ファギナダ] **動** 確認する

141

113

웬일이야!

[ウェンニリヤ]

【なんてこった！】

思いもよらない展開に対して、驚きと当惑を表す一言です。「なにごとだ」という意味です。이게 무슨 일이야？[イゲ ムスン ニリヤ]（これはどういうことだ）とも言います。

サクサク使える！ ミニ会話

*カフェの前で

ヨギ カペ オヌル シュィヌン ナリンガ ブァ
여기 카페 오늘 쉬는 날인가 봐.
このカフェ、今日休みなんだ…。

オモ ウェンニリヤ
어머, 웬일이야.
えー、なんてこった！

単語＆解説

여기 代 この、ここの
카페 名 カフェ ／ 오늘 名 今日
쉬는 날인가 봐 休みなんだ…（休みの日みたい）▶쉬다 [シュィダ]
動 休む 날이다 [ナリダ] 名＋指
日である ／ 어머 間 あら
웬일이야 なんてこった、どういうこと▶웬일이다 [ウェンニリダ] 名
どういうことだ

142

잠깐만 기다리세요

[チャムカンマン キダリセヨ]

~しばらく お待ち下さい~

【しばらくお待ちください】

命令の丁寧な表現です。依頼の形の丁寧な表現では、잠깐만 기다려 주세요 [チャムカンマン キダリョ ジュセヨ]、フォーマルな表現では、잠시만 기다려 주십시오 [チャムシマン キダリョ ジュシプシオ]（ちょっと待ってください）と言います。

サクサク使える！ ミニ会話

＊電話で

ペイス タイム ハルカヨ
페이스 타임 할까요？
ビデオ通話にしましょうか。

チャムカンマン キダリセヨ コウル チョム ポゴ
잠깐만 기다리세요. 거울 좀 보고.
しばらくお待ちください。鏡をちょっと見てから。

単語＆解説

페이스 타임 图 ビデオ通話、face time

할까요？ しましょうか▶하다 [ハ ダ] 動 する ／ 잠깐만 副 しばらく

기다리세요 お待ちください▶기다 리다 [キダリダ] 動 待つ

거울 图 鏡 ／ 좀 副 ちょっと

보고 見てからで▶보다 [ポダ] 動 見る

143

4 別れのあいさつ

うさぎ

 先生、ちょっと伺っていいですか。

 ええ。
なんですか。

 韓国でお世話になった友だちの家を出るとき、アンニョンって言ったんですが、間違いですか？

友だちですよね。
大丈夫ですよ。

よかったです。ちょっと自信がなかったんです。

そうですか。「アンニョン」は、出会いのあいさつでは文末のイントネーションを上げますが、別れのあいさつでは上げないのが特徴です。また別れのあいさつは、場面と相手によって使い分けます。

ありがとうございます。
お願いします。

♥ 別れのあいさつ

☆ 留まる人に ☆

アンニョンイ ゲセヨ
안녕히 계세요.（さようなら。）て

アンニョン
안녕.（さようなら。／ばいばい。）カ

チャリッソ
잘 있어.（さようなら。ばいばい。）カ

☆ 去る人に ☆

アンニョンイ ガセヨ
안녕히 가세요.（さようなら。）て

チャル ガ
잘 가.（さようなら。ばいばい。）カ

Chapter5
とっさのひとこと

せっぱつまったときなど、その場でサッと言わなければならない表現をいくつか紹介します。必要な場面になったら言えるようにしましょう。

115

잠깐만요
[チャムカンマンニョ]

【ちょっといいですかー】

会議などで異なる意見を申し出るときの一言です。話に割り込むきっかけとして使えます。場面によっては이의 있습니다 [イイ イッスムニダ] (異議があります) も使います。

サクサク使える！ ミニ会話

イ ウギョネ ヨロブン トンイアシナヨ
이 의견에 여러분 동의하시나요？
この意見に皆さんご賛成でよろしいですか。

チャムカンマンニョ
잠깐만요.
ちょっといいですか。

単語&解説

이 冠 この
의견에 意見に ▶의견 [ウギョン] 名
意見
여러분 名 皆さん
동의하시나요？ 賛成でよろしいですか。（同意なさいますか？）▶
동의하다 [トンイアダ] 動 同意する、
賛成する
잠깐만요 ちょっといいですか

148

좀 도와줘

[チョム ドワジュォ]

【ちょっとたすけてー！】

力を借りたいときに助けを求める表現です。「手伝ってくれ」ほどの意味です。命に関わる状況で助けを求めるときは「生かしてくれ」という意味の살려 줘[サルリョ ジュォ]、「救ってくれ」という意味の구해 줘[クヘ ジュォ]を使います。

サクサク使える！ ミニ会話

アンドェゲッタ　チョム ドワジュォ
안되겠다. 좀 도와줘.
だめだー。　ちょっと助けてー。

アイゴ　ネガ トゥロ ジュルケ
아이고, 내가 들어 줄게.
あらま、私が持ってあげる。

単語＆解説

안되겠다 だめだー、だめそうだ▶안되다 [アンドェダ] 動 だめだ
좀 副 ちょっと ／ 도와줘 助けてー▶도와주다 [トワジュダ] 動 助けてやる、助けてくれる
아이고 間 あらま、どうしたの ／ 내가 私が▶나 [ナ] 代 わたし
들어 줄게 持ってあげる▶들어 주다 [トゥロ ジュダ] 動 持ってあげる

149

미안 미안

[ミアン ミアン]

【すみません、すみません】

カジュアルに言葉を重ねて詫びる表現です。「ごめんごめん」といった意味です。丁寧な謝りの表現では言葉を重ねることはあまりしません。丁寧な謝り方は Chapter3 [52] の謝りの表現を参考にしてください！

♪♫ サクサク使える！ ♫♪ ミニ会話

トチガギヤ
또 지각이야？
また遅刻か？

ミアン ミアン
미안 미안.
すみません、すみません。

単語&解説

또 副 また
지각이야？ 遅刻か？ ▶ 지각 [チガク] 名 遅刻
미안 間 すみません、ごめん

다했어요
[タヘッソヨ]

【終わりました】

終わりを告げます。「全部やりました」という意味です。場面によっては끝났어요 [クンナッソヨ]（終わりました）、カジュアルには끝 [クッ]（終わり）とも言います。[92] の「できた！」も끝 [クッ] でしたね！

サクサク使える！ ミニ会話

アジギエヨ
아직이에요?
まだですか?

アニョ　タヘッソヨ
아뇨, 다했어요.
いえ、終わりました。

単語 & 解説

아직이에요? まだですか? ▶아직
[アジク] 副 まだ
아뇨 間 いえ
다했어요 終わりました ▶다 [タ] 副
すべて 하다 [ハダ] 動 する

비밀이야
[ピミリヤ]

【ナイショだよ！】

「秘密だよ」という意味です。쉿！［シュィーッ］（しっ！）という間投詞を前につけ、쉿！비밀이야 と言うと、よりひそやかな感じになります。우리끼리 얘기야［ウリッキリ イェギヤ］（私たちだけの話ね）なんてのもあり。

サクサク使える！ ミニ会話

イ イェギヌン ピミリヤ
이 얘기는 비밀이야.
この話は秘密だよ。

ムルロニジ
물론이지.
もちろんだよ。

単語＆解説

이 冠 この
얘기는 話は▶얘기［イェギ］名 話
비밀이야 秘密だよ▶비밀이다［ピミリダ］名＋指 秘密である
물론이지 もちろんだよ▶물론이다［ムルロニダ］名 もちろんである

뭐라구？
[ムォラグ]

【なんだって?】

相手の発言がよく理解できず、聞き返すときの表現です。よりカジュアルになら응？［ウン］（うん？）、뭐？［ムォ］（何？）、丁寧に聞き返したければ네？［ネ］（はい？）といった表現が有効です。どれも文末を上げて発音するだけでOKです。

サクサク使える！ **ミニ会話**

ネイル ハクキョ カギ シロ
내일 학교 가기 싫어.
明日は学校に行きたくない。

ムォラグ ウェ
뭐라구？ 왜？
なんだって？ なんで？

単語＆解説

내일 **名** 明日
학교 **名** 学校
가기 싫어 行きたくない ▶가다 [カダ] **動** 行く 싫다 [シルタ] **形** いやだ、嫌いだ
뭐라고？ なんだって？ ▶뭐 [ムォ] **代** 何
왜？ **副** どうして？ なぜ？

153

5 あいづち

うさぎ

先生、ちょっとよろしいですか。

どうしましたか。

韓国の人が電話しているときに、よくネーネーって言うんですが、どういう意味ですか。

あれは「ええ」とか「はい」とかの意味ですよ。

なるほど。あいづちですね。

ええ。
じゃ、韓国語のあいづちを少し紹介しますね。

はい、お願いします!

♡ あいづちのことば

ネ
네. (ええ。／はい。) ▼

ウン
응. (うん。) カ

マジャ
맞아. (そうだ。／そうね。) カ

マジャヨ
맞아요. (そうですね。) ▼

チョンマル
정말? (本当?) カ

チョンマリヨ
정말이요? (本当ですか。) ▼

うむ

参考文献

『はばたけ！韓国語』 野間秀樹・村田寛・金珍娥著 東京：朝日出版社
『はばたけ！韓国語2 初中級編』野間秀樹・金珍娥・高槻旭著 東京：朝日出版社
『ハングルの誕生 音から文字を創る』野間秀樹著 東京：平凡社新書
『日本語とハングル』野間秀樹著 東京：文春新書
『談話論と文法論』 金珍娥著 東京：くろしお出版

●著者紹介

イラスト：カナヘイ　Kanahei

イラストレーター・漫画家。
ガラケー向けのイラスト配信から全国でブームとなり、2003年に女子高生イラストレーターとして
「Seventeen」（集英社）にてプロデビュー。
以降、出版、モバイルコンテンツ、企業広告、キャラクターコラボ、「りぼん」（集英社）での漫画連
載など幅広い活動を続け、20〜30代の男女を中心に多くのファンを持つ。
「ピスケ＆うさぎ」を中心とした「カナヘイの小動物」シリーズは国内外でグッズ展開されており、
LINE主催のアワードではグランプリのほか受賞多数。

文：金 珍娥（キム・ジナ）　Kim Jina

明治学院大学教授。博士（学術）。東京外国語大学大学院博士前期・後期課程修了。ハングル能力検
定協会出題基準検討委員（2001−2003）。2005年度NHKテレビハングル講座講師。そのかん、東
京外国語大学、早稲田大学、成蹊大学、上智大学などでも教鞭を執る。韓国ソウル生まれ。
単著に、『談話論と文法論 —— 日本語と韓国語を照らす』（くろしお出版）、『담화론과 문법론』（談
話論と文法論：亦楽（ヨンナク）。大韓民国学術院優秀学術図書に選定）、『ドラマティック・ハング
ル —— 君、風の中に』（朝日出版社）。共著に、『韓国語学習講座「凜」1 入門』（大修館書店）、『ニュー
エクスプレス韓国語』（白水社）、『きらきら韓国語』（同学社）、『はばたけ！韓国語』『はばたけ！韓
国語2 初中級編』『ぷち韓国語』『Viva! 中級韓国語』（以上、朝日出版社）など。共訳書に『한글의
탄생』（ハングルの誕生。野間秀樹著 돌베개（トルベゲ）。韓国の教保文庫、朝鮮日報、東亜日報、
毎日経済 2011 今年の本に選定）

イラスト	カナヘイ
カバーデザイン	株式会社レミック／コスモグラフィック
本文デザイン／DTP	株式会社レミック／コスモグラフィック

カナヘイの小動物
ゆるっと♡カンタン
韓国語会話

令和2年（2020年）10月10日　初版第1刷発行
令和6年（2024年）5月10日　　　第6刷発行

著者	カナヘイ／金 珍娥（キム・ジナ）
発行人	福田富与
発行所	有限会社Jリサーチ出版
	〒166-0002　東京都杉並区高円寺北2-29-14-705
	電話　03（6808）8801（代）　FAX 03（5364）5310
	編集部　03（6808）8806
	https://www.jresearch.co.jp
印刷所	株式会社 シナノ パブリッシング プレス

ISBN978-4-86392-490-1